实现生命的潜能

「彩虹哲学」丛书主编 苏德超

【古希腊】亚里士多德 著 王成军 编译

中国文联出版社

图书在版编目（CIP）数据

实现生命的潜能／（古希腊）亚里士多德著；王成军编译．—北京：中国文联出版社，2022.3（2022.09 重印）

（彩虹哲学／苏德超主编）

ISBN 978-7-5190-4773-3

Ⅰ．①实…Ⅱ．①亚…②王…Ⅲ．①亚里士多德（Aristotle前384–前322）—哲学思想—通俗读物②幸福—通俗读物 Ⅳ．① B502.233-49 ② B82-49

中国版本图书馆 CIP 数据核字 (2021) 第 258610 号

实现生命的潜能

丛书主编：	苏德超
原　　著：	【古希腊】亚里士多德
编　　译：	王成军
责任编辑：	张超琪　许可爽
特约编辑：	黄博文　张维祥
责任校对：	胡世勋
装帧设计：	有识文化
出版发行：	中国文联出版社有限公司
社　　址：	北京市朝阳区农展馆南里 10 号　　邮编：100125
网　　址：	http://www.clapnet.cn
电　　话：	010-85923091（总编室）　　010-85923058（编辑部）
	010-85923025（发行部）
经　　销：	全国新华书店等
印　　刷：	北京市庆全新光印刷有限公司
开　　本：	787 毫米 × 1092 毫米　　1/32
印　　张：	12
版　　次：	2022 年 3 月第 1 版
	2022 年 9 月第 2 次印刷
书　　号：	ISBN 978-7-5190-4773-3
定　　价：	69.00 元

版权所有　侵权必究
如有印装质量问题，请与本社发行部联系调换

丛书序：幸福、快乐与生命的满足

"你幸福吗？"

这有点不好回答。我们更愿意回答的问题是："你快乐吗？"后一个问题直截了当。幸福是一个更私人的话题，不能随随便便就讲出来。但快乐不同，快乐可以写在脸上，渗在声音里。趋乐避苦是人的本性。尤其是当下的快乐，对所有人都具有强大的吸引力。它好像是一个终点，我们愿意停在那里。美味的食物、动听的音乐、曲折的故事、刺激的游戏……这些东西让我们沉醉。就算过去了，我们还津津乐道。

但是，快乐并不是终点，而只是人生旅途的一座座小站。几乎没有人一直沉迷在快乐中。一则快乐的边际效用会递减，重复的快乐让人乏味；二则快乐有成本，而快乐本身不足以支付这个成本。于是，为了快乐下去，我们必须抛开当下的快乐。有点悖理，却是事实。

离开当下的快乐，我们要到哪里去？常见的回答是下一站快乐。然而，在到达下一站之前，我们干什么呢？大多数人将不得不努力工作，或者努力学习，这样才能支付未来的快乐成本。心理学家发现，那些主动延迟即时满足感到来的儿童，长大后更容易获得世俗意义上的成功。忙着吃巧克力的孩子，不但会吃坏牙，而且也浪费了本可以用于学习的时间。隐忍、坚毅在哪一种主流文化中都是美德：对唾手可得的快乐视而不见，努力，再努力，直至想象中的更大快乐出现。本性要求趋乐避苦，文化却号召我们吃苦耐劳。重要的不是眼前的、看得见的快乐；而是未来的、看不见的快乐。有点赌博的意味，但经济和文化却因此繁荣起来。拼搏的人生才是最有意义的。拼什么？拼工作，拼学习。

事实上，一些人是如此地拼，以至于他们几乎总是把眼前的收益贮存起来，不急于兑付，以等待更大的快乐出现。更大的快乐里面，有家庭，有事业，有意气风发的壮年，有平淡而充实的老年。他们不但希望自己这样，也希望自己的孩子这样。甚至为了孩子，不少人放弃了自己对快乐的追求。身边的人意气风发，他们隐忍；身边的人志得意满，他们隐忍。隐忍的目的，只是为了孩子能有一个好的环境，可以刻苦学习，以便长大以后能找个好工作。自然，长大以后，这些孩子也会有他们的孩子。可以想见，他们大概率会走在同一条路上。

这就让人想起下面这则故事。从前有个放羊娃，每天辛辛苦苦地放羊，让羊长肥，长肥了就可以赶到集市上卖钱，有了钱就可以买更多的羊崽来放，有更多的小肥羊，卖更多的钱，直到这些钱足够娶媳妇，娶了媳妇就可以生孩子，生的孩子就又可以放羊了……看出来了吧，我们每个人都是放羊娃，只是工种不同而已。放羊自然是想得到快乐，但为了更大的快乐，我们忘记了快乐，只记得放羊了。放羊就是我们的工作。

人生就这样代际循环。海德格尔曾经这样总结亚里士多德的一生：他出生，他工作，他死去。人生的循环，概莫能外。一代一代的人，他们出生，他们工作，他们死去。从表面上看，工作联结着出生与死亡。但是很明显，工作的意义，并不是去充当从出生到死亡的摆渡者。为什么要工作啊？因为这样就可以走向死亡了。这也太荒唐了。凡是来到世间的，终将离开。工作还是不工作，都不会改变这一点。

我们工作，显然是因为我们另有所求。

这个所求当然包括快乐。最常见的快乐包括物质的享受、权力的攫取和知识的追求。更好的工作会带来更多的财富，财富愈多，物质保障愈好，我们愈能免于饥寒之迫，疾患之苦；身体无苦痛，那是何等的轻松。更好的工作，往往能带来更大的权力，让我们能影响更多的人；一呼百应，旌旗如云，那是何等的快意。更好的工作，可以让我们知道得更多，不被无明掩蔽；一切了然于胸，那是何等的畅然。从某个意义上理解，生命就是一场自我体验。注重快乐，会让我们活得内在一些。生命，不是用来张扬的，而是用来过活的；它不是别人眼中的风景，而是自己心头的喜悦。

但事情似乎没有那么简单。物质的丰富、权力的大小和知识的渊博跟快乐的关系并不密切。不是说财富越多、权力越大、见闻越广就越快乐，忧心忡忡的富人、提心吊胆的当权者、郁郁而终的学者并不少见。人类学家发现，都市里的白领并不比丛林中的原始人更快乐。

况且，快乐不一定好。快乐是一种当下感觉。人生跟着感觉走，就像开车完全相信自动导航，有时反而到不了目的地。一些快乐是危险的歧路，在感官上诱惑我们，使我们精疲力竭，茫然无措，老子说，"五色令人目盲，五音令人耳聋"；一些快乐是失意的安慰，只让我们暂时避开伤痛，舒张心意，罗隐说"今朝有酒今朝醉，明日愁来明日愁"。这样的快乐，很可能并不值得艳羡，反倒应该同情。

再者说，就算是那些生活中正面的快乐，如果我们执着于它们，很可能就会错过对更深层目标的追求。很多老人在儿孙满堂时回顾自己的一生，平平安安，快快乐乐，一直过着邻居们倾慕的生活，却依旧怅然若失：读书时，为了保险起见，没有填报更合意的学校；工作时，刚刚新婚，拒绝了外派的机会；中年升职，选择了不那么劳累但也不那么出彩的岗位……他们没有做错什么，所以他们一点儿都不后悔。他们又似乎因此错过了什么，所以他们不免有些失落。

回到前面的问题：你幸福吗？要是你不快乐，差不多你并不幸福。快乐是重要的。但是，只有快乐，我们也会有失落的时候，如果生命当中还有一些事情来不及成就，我们就并不心满意足。哲学家们认为，幸福，既指快乐，更指生命的满足。我们要的不只是当下的快乐，更是生命的满足感。心满意足，胜过任何肤浅的快乐，胜过物质、权力和知识。快乐是短暂易逝的。在恋人肩头痛哭一晚，缠绵悱恻的快乐会随着这一晚的过去而消逝，但因此带来的心满意足却是长久的，它将会在回忆中不断地为日渐消瘦的生命注入能量。心满意足了，你就幸福了，哪怕目标没有达到，哪怕人生的烛火就要熄灭。

怎样才能度过心满意足的一生，这是我们面临的最为重要的问题；长期以来，也是哲学的主要课题之一。对此几乎所有重要的哲学家都有过论述。本套丛书选编了西方哲学史上有代表性的七种回答。柏拉图说，"善"是统治世界的力量，我们应该全面地"善"待自己和他人；亚里士多德说，我们应该让自己的生命"兴旺发达"，过理性沉思的生活，活出"人"的样子；斯多葛主义者说，不要放纵盲目的欲望，要跟自然一致；奥古斯丁说，相信点什么比什么也不信强，相信这个宇宙的设计者则会得到至福；卢梭说，真实地活在自己的世界中，不要让欲求超过自己的能力；尼采说，追求自己的事业，跟痛苦"正面刚"；罗素说，有感情，但不要感情用事。在选编中，我们尽量去掉了过于理论化和技术化的部分，希望这套书能够给大家提供人生的镜鉴。

所有的雨后，都可能出现彩虹，只要有阳光，只要我们站在恰当的地方。雨，是所有的挫折；阳光，是我们对生命的热爱；哲学家们的思考，则是到达这些恰当地方的路线图。

苏德超 2020 年 4 月于武汉

目录

导言
亚里士多德幸福观 | 001

I
幸福是人的至善

/ **人的生命以幸福为鹄的** / 所有的知识以及每一种追求其目标都是某种善。
028

/ **人的三种生活方式** / 人们之追求荣耀,似乎也是为了令他们的良善之处可以得到肯定。
030

/ **幸福是人生的首善和终极目的** / 幸福正是我们永远只为其自身而非为别的什么东西而选择的东西。
033

/ **幸福是人的灵魂之善** / 人的善就在于灵魂按照德性来进行的活动。
036

/ **幸福是我们灵魂之有德性的活动** / 有德性的行为必定在其自身就是可悦的。
039

| 幸福是由己不由神的 | 幸福不仅仅需要我们有完全的德性，也需要有完全的生命。
043 |

| 幸福是恒常之事 | 即便在这些坏事中，人也能闪耀出高贵之光辉。
048 |

| 幸福是由己不由人的 | 逝者是否真的也会身受任何的善或恶的时候，这种差异也必须被考虑到。
051 |

| 幸福是值得叹赏的完美之事 | 没有人会像赞扬正义一样"赞扬"幸福。
053 |

| 幸福就是我们生命的实现活动 | 但凡最值得欲求的事，也就是与他自身的倾向相一致的活动。
056 |

II

幸福在于过有德性的生活

| 德性是灵魂的卓越 | 我们所说的幸福也指的是一种灵魂的活动。
062 |

德性靠习惯养成	过度与不足都会损害节制和勇敢,而遵循中道(mean)则会葆藏它们。 067
德性的养成关乎苦乐	为了快乐,我们往往对卑劣之事甘之如饴,因为痛苦,我们往往对高贵之事掩面回避。 071
德性的养成要靠对德性行为的实施	一些行为之所以被称为正义的与节制的,乃在于它们是正义的人或节制的人乐意做的事情。 074
德性是我们的品性之状态	我们之被称为善的或恶的,并不是因为我们的激情,而是因为我们的德性与恶习。 077
德性就是一种"中道"状态	我们的感受就是适中的且最好的,而这便是德性的特征。 079
中道在于避免走极端	在所有的事情之中,我们最应去提防的,乃是悦人之事或快乐。 084
要不走极端,我们就必须做选择	我们并不会因为持有什么意见而具有某种特定的品性。 087

| 要做选择，我们就必须事先权衡 | 我们所权衡的事情，总是些在我们的能力范围内且能够被实施的事情。
091 |

| 我们是自我德性的主人 | 没有人会因为受到鼓励而去做那些既不在他的能力范围内也非他自愿的事情。
096 |

III

德性生活之实践：道德德性

| 如何面对危困？——勇敢 | 只有在直面令人痛苦的事情的时候，人们才能被称作勇敢的。
104 |

| 如何处理我们的欲望？——节制 | 节制是我们就快乐来考虑时的一种中道。
115 |

| 如何对待钱财？——大方与大气 | 一个挥霍无度的人就是一个以自身的过错来逐渐摧毁自身的人。
124 |

/ **如何对待荣耀？
——自豪**

/ 荣耀与羞辱就是自豪的人应该以合适的方式来处理的事情。
140

/ **如何处理我们的愤怒？——温和**

/ 温和的人总倾向于保持镇定，避免被激情所驾驭。
151

/ **如何正确地待人？
——圆融**

/ 与这种中间状态相对应的人，如果再加上些友爱的话，就正好是我们称为好朋友的人。
155

/ **如何正确地对人言行？——实诚**

/ 虚假本身是卑劣且当受谴责的，而真实则是高贵且值得赞扬的。
158

/ **如何正确地与人娱乐消闲？——机智与得体**

/ 精良且有教养的人，将会如我们所描述的那样，成为他自己的律法。
162

/ **如何正确地与他人打交道？——正义**

/ 当作为一种绝对意义上的习惯或者品性之状态来讲的时候，正义就是德性。
165

IV

德性生活之要津：理智德性

/ **何谓理智德性** / 一个人应该去选择那适中之事而非过度或不足之事。
172

/ **两种理智德性及其对象** / 在灵魂之中存在三件事情，它们控制着行动与真理，此即感觉、理性与欲望。
174

/ **主要的理智德性：科学知识** / 科学知识的对象就是具有必然性的事情。
177

/ **技艺：关于如何制作事物的知识** / 技艺就等同于在正确的理性指导下进行制作活动的一种状态。
179

/ **实践智慧（审慎）：关于如何实现人生目的的知识** / 一个具有实践智慧的人的标志，正在于他能够很好地权衡那对他而言是善的且便利的事情。
181

/ **直觉性理性（理智）：对于推证之原则的知识** / 科学知识是对于那些普遍而必然的事情的判断。
184

哲学智慧：直觉性理性与科学的结合	因为，可不是只存在一门与所有造物的善都相关的智慧，而是每一种善都有一门相关的智慧。
	185
实践智慧的种类	人们通常都寻求他们自身的善，并且认为他们应该努力做工以确保它。
	189
什么是好的权衡	在做权衡的人，无论他做得好还是不好，都是在探究某件事情并对之加以算计。
	193
什么是好的理解	理解所关涉到的，既不是稳固而不可变易的事情，也不是什么生成的事物，而是能够成为质疑和权衡之主题的事情。
	196
什么是好的判断	我们的能力总是与我们的年岁相应的，到了一个特定的年纪，我们自然就有了直觉性的理性和判断。
	198
理智德性有什么用	如果本身不良善，一个人就几无可能具备实践方面的智慧。
	201
德性与实践智慧的关系	所有的德性都是实践智慧的某种形式。
	205

V

德性生活之枢机：自制

/ **关于自制与不自制的流行意见** / 自制的人知道他的欲好是坏的，基于他的理性原则，他会拒绝遵从那些欲好。
210

/ **无知并不是不自制的借口** / 显然，不自制的人必可以被说成是处在一种类似于沉睡、疯癫或者醉酒的条件之中的。
213

/ **不自制的两种情况** / 绝对的不自制或者对于某种特殊的肉体快乐的不自制都要受到谴责，因为它们不仅是一种过错，而且是一种恶习。
218

/ **野蛮与病态造成的不自制** / 每一种过度状态，无论是愚痴、怯懦、自我放纵还是坏脾气，都要么是野蛮要么是病态。
223

/ **愤怒方面的不自制** / 自制与不自制都与身体的欲望和快乐相关。
226

/ **两种类型的不自制：急躁与意志薄弱** / 这样一个人必定不会轻易为之忏悔，因而他也便是无药可救的，一个不可能悔恨的人定是个不可能被治愈的人。
230

/ **不自制尚有救，自我放纵就没救了**　　/ 自我放纵的人，是不太会后悔的，因为他总是执着于他的选择。
234

/ **自制不是固执**　　/ 固执的人所拒绝屈服的，只是理性的论证，因为他们所形成的欲望大部分都是由他们的快乐来指引的。
237

/ **有实践智慧的人不可能不自制**　　/ 改变一个人的习性总比改变一个人的天性要容易些。
240

VI

幸福之巅峰：理性沉思

/ **人的最高幸福在于理性沉思**　　/ 如果与人相比，理性是神圣的，那么，依循理性的生命也便是神圣的。
244

/ **沉思的幸福高于基于道德德性的幸福**　　/ 人要想成为幸福的人，就需要许多许多东西或者需要什么特别重要的东西。
249

VII

幸福与快乐

/ **关于快乐的疑难**　　/ 享受我们该享受的东西,憎恶我们该憎恶的东西,这对于我们品格之德性的养成至为关键。
258

/ **快乐是善的,幸福的生活必定是快乐的**　　/ 如果良善之人的活动并不比任何其他人的活动更令其快乐的话,那么他的生命也不会比其他人的生命更为快乐。
260

/ **快乐是我们生命活动的成全**　　/ 成全生命的,便也是快乐。而生命又是为每个人所欲求的。
264

/ **不同的活动有不同的快乐**　　/ 一个人带着快乐来从事某个活动时,他才会更好地判断每一件事情,也更精确地研究每一件事情。
269

/ **关于肉体快乐的思辨**　　/ 与过度的快乐相对立的根本就不是痛苦,除非是针对那些正在追求着过度快乐的人来说。
275

VIII
幸福与友谊

/ **友谊是为生命所必需的，而且是高贵的** / 只有和朋友一起，人们才更有能力去思考并行动。
280

/ **三种类型的友谊** / 完满的友谊乃是由良善且在德性上也相近的人所建立的友谊。
283

/ **基于德性的友谊才是真正的友谊** / 人们总是为了他们所爱的人而对他们爱的那些人怀有良好的祝愿。
291

/ **不对等的友谊** / 在友谊之中，数量上的公平却是首要的，功绩的比例倒是其次。
297

/ **友谊的本质在于爱而非被爱** / 友谊就在于对等性和相似性，尤其在于那些拥有相似德性的人之间的相似性。
300

/ **朋友之间也需正义** / 所有形式的共同体都有类似于政治共同体的部分。
303

/ **亲属间的友谊** / 人类之所以生活在一起,不单是为了繁衍,也是为了各种各样的生活目标。
306

/ **功利型的友谊最易产生嫌隙** / 彼此不对等的朋友则必得付出与他们的优势或劣势成比例的东西。
310

/ **不对等的友谊也易产生分歧** / 任何人都不可能等量地报偿他从优越的那一方获得的东西。
312

/ **不同的友谊需要不同的回报** / 他们得到的回报也必须基于他们的意图来定,因为,正是意图,决定了一个朋友以及德性的本色。
314

/ **友谊也有亲疏之别** / 将属于父亲的荣耀给予父亲,属于母亲的荣耀则给予母亲。
318

/ **友谊该终结的时候就得终结** / 并不是什么东西都能够被爱,而是只有善的东西才能够被爱。
322

朋友贵精不贵多	拥有许多朋友,以至于超过了我们自己生命所需,这完全是种多余,也对高贵的生活构成了妨害。
	325
无论是发达还是贫乏,我们都需要朋友	厄运中的人的确需要援手,而在人发达的时候,也需要人跟他一起生活。
	328
朋友之间需要有共同生活	友谊就是一种伙伴关系,一个人之于他的朋友,就好比他之于他自身一般。
	331
朋友就是另一个自我	我们应该绷紧我们的每条神经以避开邪恶,我们也应该奋力去成为良善的人。
	333
在友谊中正确地爱自己	伟大而高贵的行动就算只有一次,也远胜于许多微不足道的琐事。
	337
幸福的人也仍然需要朋友	一个良善之人,作为良善的人,总是喜悦于有德之行却憎恶于邪恶之事。
	343

IX
幸福与一些外在的善

无论什么事情，若它能创造幸福或增进幸福，甚或只是增进部分的幸福，则它就是我们应该去做的；无论什么事情，若它摧毁或妨害了幸福，甚或只是导致了幸福的对立面，也都是我们不应该去做的。

349

编译后记 | 357

导言：亚里士多德幸福观

人生来就有一种强烈的渴望，这种渴望甚至强过我们对于玩具、美食、伙伴、金钱、名声、爱、性以及知识等一切美好事物的渴望。这个渴望，就是我们对幸福的渴望。我们对前面所有那些事物的渴望，似乎都最终指向了我们生命的幸福。

然而，什么是幸福？我们该如何才能获得幸福？这不仅关系到我们生命的实践，也关系到我们对我们自身生命的最为深刻的理解。在人类的智识历史上，对这样的问题给出了详尽回答的，除了宗教，还有文学、艺术，乃至科学——科学家们对我们大脑的分析，或许也可以揭示我们心中的幸福感的产生所依赖的生理机制。

那么，哲学呢？哲学懂幸福吗？哲学能告诉我们怎么去获得幸福吗？

看起来，哲学与幸福似乎并不相关。人们常说，"我不愿去想，因为思考是痛苦的"，对哲学有着一知半解的人，可能还会援引19世纪英国哲学家约翰·斯图亚特·密尔（1806—1873）的话说："我宁愿做快乐的猪而不是痛苦的苏格拉底。"在常人眼中，如果思考的痛苦令哲学离幸福很远，那么，整日沉思、绞尽脑汁的哲学家跟幸福更是八竿子打不着，这二者之间的距离，似乎不会比你与马云之间的距离更小。过去的哲学家以及当代的哲学家，如果不是穷困潦倒、形神颓丧，大概也不会比你家楼下小卖部老板过得更好。

但是，如果我们看看所有时代里最伟大的那些哲学家，比如，古希腊哲学家亚里士多德（前384—前322）的工作，我们会发现，哲学不仅讨论幸福，而且还将之作为一个核心话题来讨论。如果我们熟悉"幸福"被讨论的历史，我们就知道，在所有那些对"人的幸福"给出的阐释中，最具信服力和系统性、最为深邃且丰富的，正来自哲学。

哲学不仅懂幸福，还比你我可能想象的那样更懂幸福。

本书所呈现的，就是历史上最伟大的哲学家之一，同时也是对"幸福"第一次提出了系统性思考的一颗伟大的人类心灵——亚里士多德对幸福的看法。

一

亚里士多德可谓所有时代里最伟大的哲学家之一。他智力惊人,是历史上第一位百科全书式的学者,也是第一个以明确的标准将人类知识划分为许多不同领域的人。凭着他对许多知识门类的开拓之功,他被视为许多学科(*比如逻辑学、动物学*)的鼻祖,并可以被视为普遍意义上的"西方科学之父"。

但其最为重要的贡献,还是他的哲学。毫不夸张地说,作为一位哲学家,他塑造了从晚期希腊到文艺复兴这1000多年间的西方哲学。如果只从哲学影响的深远程度来说,大概只有其老师柏拉图(前427—前347)才可与之比肩。

公元前384年,亚里士多德诞生于希腊东北部的马其顿地区的一座小城斯塔吉拉,他的父亲叫尼各马可,是马其顿宫廷的医生,这一家庭背景也令他一生都跟马其顿王室有着纠缠不清的关系。

对于亚里士多德有过怎样的童年,我们不得而知,但我们猜想,跟许多其他的伟大人物一样,他的童年应该也好不到哪儿去——在他很小的时候,他的父亲就英年早逝了,尽管他的父亲本是位宫廷御医。

在17岁的时候,为了令他继续接受教育,他的监护人普罗克鲁斯将他送到了雅典——当时地中海世界的知识中心。他开始在当时的希腊最高学府——由伟大的柏拉图开设的学园里学习。在学园里,亚里士多德待了有20年之久,直到他的老师柏拉图于公元前347年去世。

在柏拉图的教导下,天资惊人的亚里士多德迅速地在智识上成长了起来。他不仅极为轻巧地掌握了柏拉图的教导,还在许多问题上建立了自己的见解。在其后期的学园生活中,亚里士多德俨然已经成为一位"小老师",他开始给他的同学们讲授一些课程,尤其是修辞学。

尽管亚里士多德受老师柏拉图的影响很深,而且,二者朝夕相处了也有20年之久,但这两位伟大哲学家的私人关系如何,对于我们今天的读者来说,仍然是一个谜。

在柏拉图逝世后,亚里士多德为他的恩师所拟的悼词饱含着崇敬和热爱:"对于这样一位奇特的人,坏人连赞扬他的权利都没有,他们的嘴里道不出他的名字。正是他,第一次用语言和行动证明,有德性的人就是幸福的人,我们之中无人能与他媲美!"但这些充满着炙热情感的赞美似乎只是一方面。因为,根据3世纪迪奥根尼·拉尔修的《名哲言行录》

所述,老柏拉图对自己这位最杰出的学生却充满了怨气:"亚里士多德就像小马驹踢养育它的母马那样踢我!"我们无法确定这是不是柏拉图的原话,但是,综合种种史料,我们基本可以确定的是,亚里士多德不仅不是一个对自己的老师亦步亦趋的学生,其性格也没有那么宽厚温和,这也致使他在学园里的人缘谈不上很好,甚至可以说是很糟糕。

学园里的几乎所有人,包括柏拉图,都不喜欢亚里士多德。而他们的不喜欢似乎有着充分的理由。据说,在自认掌握了一条真理后,亚里士多德往往会揪着他的老师不放,抛出一连串的反驳和质疑,令他的老师相当难堪;更有甚者,在他的老师面红耳赤、支吾难言之时,他还会步步紧逼,直到老柏拉图退避到墙角,因为羞辱而抽泣起来!自然,这样的人,放到哪里也不会太招人喜欢,哪怕他在智识上再杰出!但亚里士多德自己对于这种处境却并不担忧,如我们所知,他留下了一句千古名言,叫作"吾爱吾师,吾更爱真理"。结合他当时的处境看,这句听起来很高尚的名言很可能就是为了给他自己的这种作为辩诬而说的。

也正是因为这种"刺头"般的性格,亚里士多德并没有得到柏拉图学园的继承权,尽管无论是从才能还是资历来说,他都应该是学园当仁不让的继承者和领导者。在柏拉图死后,柏拉图的外甥斯波西彪成为学园的领导者，而亚里士多德则成为学园里大多数人攻击和排挤的对象。好在，因为他杰出的才能，他在学园中还是有少数几个敬仰者和朋友的。其中一位，叫作荷尔梅亚，是位于小亚细亚的古希腊城邦阿索斯的统治者。在这位朋友的邀请下，在学园里已经无处容身的亚里士多德来到了阿索斯。在那里，他继续着他的哲学活动，并且开始研究海洋生物学。

亚里士多德在阿索斯的平静生活并没有持续太久。大概三年后，阿索斯遭到了波斯人的入侵，而亚里士多德的庇护人荷尔梅亚也溘然离世，这令他不得不又搬到了邻近的一个海岛莱斯博斯[①]。在那里，他得以继续他的哲学和经验科学的研究。在随后大概两年的时间里，有一位忠实的学生一直陪伴着他。这位学生叫作提奥弗拉斯图斯，也曾是柏拉图学园的一员，而且就是莱斯博斯岛人。除了他的研究工作，在这个岛上，亚里士多德也尝试着过普通人的生活，他与荷尔梅

---

① 这个小岛在文化史上有特殊的意义，因为，我们今天所熟知的"女同性恋"（lesbian）这个词就源于这个岛的名字。据说，西方女同性恋的风俗来源于古希腊的著名女诗人萨福（Sappho，公元前7世纪—前6世纪人）。萨福不仅出生于莱斯博斯岛，而且还曾在岛上建立女子学校，教授年轻的女子们写作诗歌。在以萨福为核心的女诗人群体内，她们彼此相爱，一起生活，后世遂以Lesbian称呼女同性恋，这个词的字面意思也即"莱斯博斯岛人"。

亚的侄女帕提亚斯结了婚，还生了个女儿，也取名叫帕提亚斯。

公元前343年，也即在亚里士多德41岁的时候，亚里士多德颠沛流离的生活迎来了转机。在这一年，受马其顿国王菲利普的邀请，亚里士多德离开了莱斯博斯，来到马其顿宫廷任职。

但他来这里不是为了接替他父亲的职务，而是从事一件更伟大的、可能对西方历史产生重大影响的工作——教授菲利普国王13岁的儿子亚历山大。这个亚历山大王子，就是后来征服了半个已知世界的亚历山大大帝（前356—前323）。据说，国王和王子都对亚里士多德这位"太子太傅"充满了崇敬，不仅给他优渥的生活条件、丰厚的报酬，还驱使数千名奴隶为他收集标本，以供他进行自然科学方面的研究。

尽管对于亚里士多德与亚历山大王子的关系如何，他到底教授了这位王子多长时间，对这位王子产生了哪些影响，史学家们众说纷纭，但我们可以确定的是，亚里士多德对亚历山大的确起到过一定的影响。起码，在亚历山大15岁开始担任其父亲的副手、马其顿的军事副帅之前，这位年幼却雄心勃勃而且果敢的马其顿王子一直受着亚里士多德智慧和学识的熏陶。

但好景不长，公元前335年，这两位伟大的历史人物之间还是生了罅隙。大概因为亚历山大按军法处死了亚里士多德的一位亲戚，这师徒二人最终还是反目了。对于此时的亚里士多德来说，马其顿不再是一个适合待下去的地方。于是，他又重返雅典，并且在那里差不多度过了其后半生。

初回雅典时，亚里士多德本来还试图重新夺回他对于柏拉图学园的领导权。但是，他发现，他留下了无数青春记忆与怨恨的学园在新的领导者克诺克拉底管理下蒸蒸日上，而柏拉图的学说在雅典也已经成为主流。这一切都令他意识到，重夺学园领导权的可能性已经丧失。于是，他干脆另起炉灶，建立了一个自己的学园。他建立学园的地方刚好是个运动场，而这个运动场是献给太阳神阿波罗（别名"吕基奥斯"）的，所以，这个学园便名为"吕西昂"。在这个运动场附近，有一个回廊或者说林荫道，亚里士多德经常带着他的学生在那里悠游，同时传授给他们智慧和知识，所以，他所建立的这个学派，又叫"逍遥学派"（"回廊学派"或"漫步学派"）。

在自己的学园里，亚里士多德无须为政治斗争而费神，他将全部的精力都投到了教学和写作之中。据说，他的教学讲授常常"看人下菜"，以两种形式进行：在上午，他会召集处在其核心圈子里的几个学生，常常也是比较聪敏的学生，就一个核心主题进行讨论；在傍晚，则是给一般听众讲解一些比较流行的问题。在这一点上，他倒是跟我们中国的那位注重"因材施教"的至圣先师孔老夫子颇为相似。

吕西昂的学生们对于许多领域的知识都进行了学习和研究，而绝大多数也都是亚里士多德本人感兴趣的领域：植物学、生物学、逻辑学、音乐、数学、天文学、医药学、宇宙学、物理学、历史哲学、形而上学、心理学、伦理学、神学、修辞学、政治史、政治理论、艺术学等。除了开园授徒、著书立说，亚里士多德及其学园对古希腊文明做的另一项重要贡献，就是在古希腊世界广泛收集与所有知识领域相关的研究材料和手稿。按照古希腊的标准来看，亚里士多德的这个学园可谓古希腊世界的第一个大图书馆。

在此期间，亚里士多德的妻子帕提亚斯逝世，但对他而言，这似乎并不是一件太值得悲痛的事情。很快，他就开始与一位叫赫尔皮里斯的女士交往。对于这位女士，历史学家们并没有太多的资料，她很可能是亚里士多德的老乡，也来自斯塔吉拉。对于亚里士多德和这位女士的确切关系，比如，亚里士多德到底有没有娶她，历史学家们也不甚了了。有人猜测，她仅仅是亚里士多德的一名女奴，也有人推测说，既然亚里士多德的遗嘱上提到了她，那她应该是个自由民而且是亚里士多德的妻子。但我们可以确定的是，这两人生了几个孩子，其中有个儿子叫作尼各马可，跟亚里士多德父亲的名字一样。这个名字在哲学史上非常闻名，因为，亚里士多德最重要的一部伦理学著作，也是西方历史上最为重要的伦理学著作之一，同时也是对"幸福"第一次做出了系统性哲学探讨的著作——《尼各马可伦理学》就是以这个孩子的名字命名的。

公元前 323 年，在雅典待了 13 年后，亚里士多德又被迫离开了这个伟大的城邦，这个他又爱又恨的精神家园。对雅典的这次逃离似乎是他作为一名马其顿宫廷御医的儿子生下来时就注定的。因为马其顿帝国的强大压迫，素来不太服帖、自恃希腊世界中心的雅典弥漫着一股反马其顿的情绪。是年，亚历山大大帝在巴比伦染上重疾，庞大而脆弱的马其顿帝国处在风雨飘摇之中。这正是雅典人表达他们怨憎的最好机会。他们推翻了亲马其顿的雅典政府，并且将怒气撒向了跟马其顿有关的一切。作为一个马其顿人，亚历山大大帝过去的老师——亚里士多德自然成为针对的目标。与他的师公苏格拉底（前 469—前 399）[①]一样，亚里士多德据说也面临了"不敬

[①] 苏格拉底是古希腊最伟大的哲学家之一，也是柏拉图的老师。面对当时雅典城邦的衰颓之势，苏格拉底作为一位清醒的雅典公民，自况为"牛虻"，以批评雅典，促使雅典人觉醒为己任。他因"不敬神"和"败坏青年"两项罪名被判死刑。他本来有机会逃走，但为了避免令自己因违背城邦法律而陷于"不义"，他没有选择逃走，而是饮下毒芹汁，慷慨赴死。

神"的指控。面对这种危险,亚里士多德并没有像苏格拉底一样赴难,而是选择逃离。在逃离之前,他留给雅典人的话是:绝不要给雅典留下第二次对哲学犯罪的机会!

他逃到了爱琴海中的埃维厄岛,隐居在一个叫卡尔克斯的地方。在那里,有一条叫作埃弗里波斯的海峡,其洋流反复无常,经常在一昼夜之间数次变化方向。这令对世间一切都充满了思考热情的亚里士多德困惑不已。据说,他经常面临海峡,陷入沉思。公元前322年,亚里士多德因病逝世于埃维厄岛,终年62岁,就跟任何一位普通的希腊人一样。而人们更乐意相信的一条关于他的死法的传说是:因为对埃弗里波斯海峡的秘密冥思苦想而不得,他最终带着悲愤,跳入了海峡殒命。

进入自然的最深处,以勘破这个世界和我们的生命那最为深邃的奥秘,这倒更像是这颗伟大的心灵该有的死法!

二

作为一位伟大的研究者和写作者,亚里士多德留下了大量的著作,其数量也许高达200多部(篇),但留存下来的,只有31部。他的写作涵盖了许多学科,从逻辑、形而上学、心灵哲学,到伦理学、政治哲学、美学与修辞学,再到一些非哲学的领域，比如作为经验科学的生物学——他对于植物、动物乃至人类的梦境和性行为，都进行过细致的观察和描述。

他的著作以及它们所提供的那些研究主题影响了西方2000余年的学术历史，吸引了无数学者在不同的宗教与世俗传统下对之进行学习和研究。无论如何，直到今天，对于任何一颗爱智的心灵来说，他的著作仍然有着巨大的吸引力，敦促我们去阅读并欣赏。

论到令我们当代人终日为之操心劳碌，然而又茫然无措的幸福，亚里士多德也是历史上第一个提出了系统性、哲学性且极具指导意义的见解的人。他甚至直接将"幸福"或"好的生活"视为伦理学（他所谓的"政治科学"）的核心主题。

那么，在亚里士多德看来，什么是幸福，我们该如何获得幸福呢？

亚里士多德所谈论的幸福，行文中写作 eudemonia/eudaimonia，其字面的意思即"好的神灵"或"好运气"，引申开来讲，就是指生命的兴旺状态，这与我们中国传统中所谓的"鸿运当头，福星高照"或者"兴旺发达"颇有相通之处。

在我们的日常经验中，当我们觉得自己或者其他什么人"过得很好"或者"兴旺发达"时，我们常常指向了我们外在的物质层面。但是，在亚里士多德看来，这或许只能算作我们的生命"过得好"或"兴旺发达"时附带的后果，或者说迹象，并不是本质性的、决定性的。真正的"过得好"或"兴旺发达"，在亚里士多德看来，是一个生命充分实现自身、展现自身的状态。

我们可以想象一棵大树，对这棵树来说，它的兴旺发达或许不在于它的枝头上栖息着麻雀还是凤凰，而是在于它枝繁叶茂，呈现出最为巅峰、最为完全，每一个路过这棵树的人都可能为之赞叹的生命状态。因而，人的"兴旺发达"也便不是外在的那些用以维持并促进生命的物质性条件，而是在于生命本身的充分实现、生命的巅峰。

既然幸福就在于我们生命的充分实现，那么，一个至关重要的问题是，我们生命的本质到底是什么？或者说，在我们身上，我们的生命主要系于什么？

在今天的许多人看来，所谓生命，无非就是一具单纯的能够进行新陈代谢、需要吃喝拉撒的有机体。然而，亚里士多德，包括整个古希腊，对于生命的理解却与今人的这一理解大相径庭。在亚里士多德看来，如果生命的标志在于运动或者活动的话（这就是"生命在于运动"这一俗语的原初意义），那么，它就必定有一个内在的推动力，一个"生命的原则"。

这个原则，就是灵魂，包括亚里士多德在内的古希腊人都相信，如果没有灵魂，所有的生命都将只是一个无生命的物体。

因而，所谓生命或者生活，不过是灵魂推动躯体进行的活动。进一步而言，生命的兴旺发达或者说幸福，也便是灵魂的一种充分活动的状态。

亚里士多德认为，对于每一个生命来说，其自身灵魂的这种充分活动、充分实现的状态都是最值得追求的事情。换言之，幸福，对于每一个有意识的生命来说，都是其"首善"或"至善"，是其生命追求的终极目标。

在亚里士多德看来，自然之中的一切，包括我们的每一项活动在内，都是有目的的，因而，如果我们将整个生命或者我们全部的生活也看作一个大的事件、一个大的活动的话，那么，它也必须有一个目的。我们时常为之困扰，感到痛苦的人生意义问题，其实就跟这个目的有关。我们常常会问自己："活着到底是为什么"这个问题，它指向的就是我们生命的目的。正是因为我们常常看不清我们生命之整体的目的，我们才迷茫、痛苦，甚至否定自己，否定生命的价值。

在亚里士多德看来，如果我们的活动都是以善（好的东西）为目的的话，那么，我们的生命作为一种活动，就其整体而言的目的，无疑就是人的至善——幸福。谁不想拥有幸福呢？或者，谁会追求不幸福的状态呢？追求幸福，是一切有意识的生命的天性，如果一棵树有意识并且有手段的话，它也会想方设法让它自己变得枝繁叶茂。

我们或许会发现有些人是反常的，他们似乎更乐于追求痛苦。比如，一个钟情于自虐的人，或者那些有着"倒错"性行为的人。然而，这也并不对我们这里的观点构成反例，因为，在这样的例子中，他所追求的，并不是自虐时带来的痛苦本身，而是因为那种痛苦带来的快感，而那种快感或许会给他一种"幸福的感觉"。

幸福，在亚里士多德看来，就是我们生命当中的无数目的都导向的那个最终目的，或者说，是我们生命的终极目的。否则，不仅我们的生命将在整体上没有目的，因而也便没有了意义，而且，我们生命当中的各种活动的目的或意义也便难以成立了。因为，在他看来，当我们为我们的某个活动找到了一个目的的时候，我们还可以就这个目的进一步提出"为了什么"的问题。然而,这个提问的链条不可能无限进行下去,否则，我们就陷入了无限递推之中，始终找不到一个最终的答案。

因而，亚里士多德认为，我们生命中的各种活动，必定有一个终极的目的，关于这个目的，我们不可能再作进一步的追问，否则，我们的生命，连同构成了我们生命的所有那些活动，都将丧失意义和价值。

幸福就是我们生命的终极目的，也是赋予我们生命意义的那个东西。我们生命当中所有的活动，都应该导向这一终点。换句话说，在亚里士多德看来，"活着是为了什么"这个问题的答案很简单，就是"为了追寻幸福"！

这也是为什么在亚里士多德的眼中，财富、权力、性、美食、天伦之乐等所有的这些东西都不是真正的幸福之所在。因为，它们固然可以成为我们活动的目的，但是，它们所导向的，仍然是幸福。换言之，它们都是我们达到幸福的手段和工具，却并不是幸福本身。

如果幸福就是我们生命的终极目的的话，那么，幸福到底在于什么呢？我们该如何去追寻我们的幸福呢？对于这样的问题，亚里士多德给出了详尽的阐释，而其关键就在于一个东西：德性。

德性，指的就是一种卓越性或者上佳的品性状态。比如，对于一个木匠来说，他的德性就在于将其木匠手艺以精湛的方式展现出来。那么，对于人之为人来说，其德性就在于在为人所专有的那些品格上呈现出的卓越性，也即那些我们将一个人称为"好人"的品格标准。

在亚里士多德的理解中，我们对于人之德性的展现实际就是对我们生命的展现，就是我们的生命处在良善状态的标记。因而，如果幸福如我们前面所说，就是生命的兴旺发达，而生命又系于我们的灵魂的话，那么，幸福就在于我们"灵魂之有德性的活动"。

然而，什么是"灵魂之有德性的活动"呢？要回答这个问题，我们就有必要搞清楚灵魂的结构。在亚里士多德看来，所有自然生命的灵魂可以概括为三个类型，分别是：（1）植物灵魂或营养灵魂，这种灵魂为一切生命所共有，它的功能在于从外界汲取营养，维系生命的存在。（2）动物灵魂或感觉灵魂，这种灵魂为包括人在内的动物所专有，功能在于去感觉。（3）理智灵魂，这种灵魂只为人所专有，它的基本功能是进行理解和推理。这么说来，就人的生命来说，其本质就是我们每个人都拥有的理智灵魂，宽泛一点说，也即理性。

亚里士多德认为，这三种灵魂之中，每一更高级的灵魂都统摄了比其低级的灵魂类型。这也即意味着，人的灵魂同时包含这三种类型，或者说，人的灵魂同时具有汲取营养、感觉（身体欲好）和理性思考的功能。进一步而言，人的灵魂及其功能也因此可以分成两个部分，一部分是非理性的（营养和欲好），另一部分则是理性的（理智）。

但他也指出，在这两部分里，"欲好"（appetite）是比较特殊的，因为它虽然由非理性的感觉引起，容易受肉体感官的驱使，但它也能听从"理性原则"的指导。这样的例子在我们身上比比皆是，比如，当你感到又热又渴的时候，你大概会有种强烈的想喝瓶冰水的冲动，然而，你的理性会告诉你，喝冰水对肠胃并不好，那么，你对冰水的欲好就有可能被你的理性抑制住，令你转身倒了一杯温开水。因而，在亚里士多德看来，欲好既归属于灵魂之非理性的部分，也可以被看作灵魂之理性的一部分。

亚里士多德认为，我们属人的生命，既然在于理性部分的灵魂，那么，它的德性，因而也便与我们的欲好和理智高度相关。更确切地说，当一个人按照理性的指导来处理他的欲好，或者以他的理智来从事思考活动时，他就呈现出了他灵魂的德性。也正因此我们灵魂的德性相应地就分为两种：道德德性（或伦理德性）与理智德性。前者跟我们外在的物质生活相关，既然我们的物质性活动都是由我们的欲好来推动的；后者则跟我们内在的精神生活相关，既然我们总是以理智来思考的。

这也就意味着，人的生活也可以分为两个维度，一个是外向的，一个则是内向的。在向外的时候，我们需要按照道德德性来行动;在向内的时候,我们需要按照理智德性来活动。在亚里士多德看来,如果我们能够做到这一点,则我们的生命就能达到其鼎盛的状态,也即获得幸福。

那么,我们如何才能做到依德性来行动或活动呢?

就外向的道德德性而言,它包括大方、慷慨、节制、勇敢、温和、实诚、机智、圆融、知耻等,也即在一般的意义上被我们视为"品德"的东西。这些品性状态或德性,都涉及我们对外物(包括他人在内的外部世界)的处理。亚里士多德认为,我们若想达到这些状态,就必须在我们的行动中寻求一种"中道",因为,这些德性状态,无不是我们在处理外物时持有的极端状态的中间状态。比如,在我们面对险境的时候,两种极端状态就是怯懦和鲁莽,而勇敢就是这二者之间的适中状态。因而,在我们面对险境的时候,我们应该努力展现的德性,就是勇敢,或者说,既不怯懦也不鲁莽。这一说法,跟我们儒家所说的"执两用中"的"中庸之道"颇有相通之处。

然而,道理从来都是说起来容易,实行起来却很难。我们究竟怎样才能达到中道呢?

亚里士多德指出,首先,这不是我们天生的能力,也不是仅凭长辈或老师的教导就自动习得的,而是要靠我们不断的练习,形成习惯,以至于它最后就像我们的天性一般,在一定的处境下自然就展现了出来。在这一点而言，我们道德德性的锤炼非常类似于一些技艺，比如，用亚里士多德举的例子说，一个里拉琴手，如果他的德性在于成为一个好的里拉琴手，也即在于完美地演奏里拉琴的话，那么他就需要不断地操练。因为，一切德性，都是通过相关的活动形成，也展现为相关的活动。同样，我们人的道德德性也是如此。比如，一个人如果在面临险境时总是能展现一个勇者之姿，那么，他无疑就会具备勇敢之德性，最终，他在任何时候，只要身处险境，大概都会自然而然地勇敢面对。这其实就是我们常说的"习惯成自然"。

然而，对于德性的养成来说，光练习仍然是不够的，如果一个孩子因为受到强迫，或者因为认知的紊乱，每次在碰见危险的时候，都不知怎的会自动挺身而出，那也未必能称得上勇敢。亚里士多德指出，除了不断地练习之外，形成我们的道德德性还需要有三个关键要素，此即我们的行为必须是自愿的而非强迫的，我们的行为也必须经过我们的慎思或者说权衡（deliberation），也即对于我们要达到的目标、正当且有效的手段进行过权衡，而且，我们还必须克服我们意志的薄弱，坚持选择正确的目标和手段。

如果德性的养成，不仅需要训练，也需要我们自己的主动意愿、仔细权衡和自主选择的话，那么，这意味着，我们德性的建立，跟我们的理性认知是分不开的。因为，除非我们认识到一个东西是值得我们欲求的，我们才会去追求，也除非我们对于我们将要从事的行动有足够的认知，我们才能对目标和手段进行权衡，也才能进行选择并且坚持我们的选择。

这表明，在亚里士多德看来，如果我们要有道德德性，必须是按照理性来行事。或者说，我们要有道德德性，就必须有理智德性。

就内向的理智德性而言，它包括明智或者说实践智慧，与创制某种产品相关的技艺、科学知识、哲学智慧和直观性知识。其中的明智或者说实践智慧，就是我们实践理性的德性，或者说，跟我们的外在实践相关的那部分理性的德性。在亚里士多德看来，这种理智德性跟我们的道德德性是须臾不离的，因为，我们的权衡和选择，都依赖于它。在这个意义上，对一般人来说，所谓幸福，就是"明智地按照（道德）德性去活动"。

当然，这也不是说，我们生命的幸福只有"明智地按照德性生活"这一条途径。如果是这样的话，我们的幸福将仅仅限于我们的道德生活，而那些"躲进小楼成一统，管他冬夏与春秋"的学者岂非没有一个可以被称为幸福的了？！如果真是这样,那陶渊明的"采菊东篱下,悠然见南山"所描绘的幸福状态大概也成了骗人的鬼话!所以,当然不是。

如我们前面所说,既然人的生命之枢机在于为人所专有的理性灵魂,而理性灵魂的核心又是人的理智,因而,就人来说,他最为真正的活动,令他最是一个人的活动,就是理智活动。这意味着,如果我们生命的幸福在于灵魂之有德性的活动的话,那么,它的顶峰,应该是对我们理智德性的展现,也即在于我们内在的精神生活。

实际上,在亚里士多德看来,人的最高幸福,正在于理性沉思。因为,既然我们人最本质的特征就在于理性,因而,也只有在我们进行理性沉思的时候,我们的理性才完全展现出其功能,才处在最活跃的状态。

我们的生命,只有在这时候,才展现为最为完满的、最为充分的人的活动。也只有在这个时候,我们才算真正活出了人样!

在亚里士多德看来,这就是一个人的生命能够达到的顶点,这样的人,亚里士多德认为他是完全自足的,也即他不再对理性沉思之外的任何东西感到缺乏。同时,因为摆脱了外物的束缚,不再拘役于那些令常人整日感到痛苦搅扰的事情,他也因此是最为自由的人。因为,那些为外物所累的人,不过都是那些外物的奴隶，只有获得沉思之幸福的人，才是自己以及世界的主人。

亚里士多德甚至认为，当一个人达到了这样一种至善，他也便会自动获得许多外在的善，比如，快乐、荣耀、地位，乃至财富。尽管我们可能会对一个幸福的人如何会自动获得财富这一点感到迷惑，但无论如何，亚里士多德强调，这样一种幸福的状态，作为我们生命的至善，是对于我们生命当中的所有善的一种统摄。

在谈论这样的状态时，我们自然会想到孔夫子最为钟爱的学生、孔门"七十二贤人之首"颜回。无疑，至少从他"一箪食，一瓢饮，在陋巷，人不堪其忧，回也不改其乐"的表现来说，他跟亚里士多德所描绘的至为幸福的人的形象是十分吻合的。不过，按照亚里士多德的说法，能够达到他所说的这种状态的人，只能是少数人，就像孔门三千弟子，也只有一个颜回而已。我们大多数人，在亚里士多德看来，只能依照道德德性生活以获得"次级的幸福"。而亚里士多德所说的这少数人，只能是哲学家，也即爱智慧的人。因为，哲学家的使命，就是去追寻智慧，而对智慧的追寻，就是纯粹的理性沉思活动。

他甚至还说，这种生活也是神的生活，因为，神没有肉身，是纯粹的理智，他们是永远处在沉思的幸福之中的！这表明，如果一个人能够获得这种最高的幸福，那么他不仅将是个哲学家，还将是最接近神的人！

我们可能会疑惑，如果至高的幸福就是这种理性沉思的生活，那我们是不是需要抛妻弃子，离群索居，整日青灯黄卷，钻研智慧，弃绝一切肉体的快乐才可以？亚里士多德会说，完全没有必要。

首先，这种至福的状态不是每个人都能达到的，即使刻意去做，也未必能够做到。作为普通人，我们若能按照我们的道德德性来生活，按照中道来获取那些外在的善，便已属幸福。

其次，这种至高的幸福也并不跟我们所渴望的那些外在的善必然相冲突。在亚里士多德看来，金钱、食物、性、身体的健康、好运气、快乐等外在的东西并不是坏事，而是同样值得我们追求的善。不仅如此，它们甚至还是我们的幸福所倚仗的外在条件，只要我们以合适的方式来追求它们，不索取过度即可。通俗地来讲，如果我们赚钱不是为了赚钱本身，而是为了让我们去践行有德性的生活，比如，为了维持自己的生存并施与别人，那么，我们赚钱就是完全正当的，而且是能够增进我们的幸福的。

在所有的这些外在的善当中，亚里士多德特别重视"友谊"与幸福之间的关联。在他看来，友谊与食物一样，是我们的生活必需品，哪怕是已经达到了至高幸福的人，也同样需要朋友。因为，我们的朋友，实际上是我们的另外一个自我，友谊的双方，不过是两个身体里的同一个灵魂。故而，就"朋友"而言，我们所熟知的那句广告语完全正确：爱你，就等于爱自己。如果说我们的生命就是一个不断实现自我的过程，就是每一个自我不断从潜在的人成为现实的人的活动，那么，与朋友的共同生活，正是成为我们自己，成为一个人的过程。也许，这也是亚里士多德本人虽然热爱真理，甚至不惜为真理而开罪自己的恩师和同学，然而在他颠沛流离的一生当中，却始终需要朋友陪伴在他左右的原因。

最后，我想强调的是，亚里士多德所理解的幸福，绝不是一种主观的"幸福感"。它是我们短暂的生命不断向其巅峰努力行进的姿态，也是我们生命的全情投入。本质上，它就是我们实现自身、展现自己人性的活动。这种活动，归根结底还是我们理智的活动。

既然如此，那么，你现在应该尝试向你的幸福迈出的第一步就是，拿起这本书读吧！

I

幸福是人的至善

人的生命以幸福为鹄的

每一种技艺与每一种探求，同样，每一种行动和选择，都被认为是以善为鹄的的。故此，善被当作所有事物的目标，这实属当然。

（既然）我们说，所有的知识以及每一种追求其目标都是某种善，那么，也让我们基于这一事实来谈谈政治学的目标是什么，以及我们的行动所能达到的那个至善到底是什么吧。

对此，大家在嘴上有一个十分普遍的共识，无论是碌碌凡夫还是衮衮诸公，都说这个东西就是幸福，并且都将"过得好，做得好"等同于幸福的状态。但是，若论到幸福究竟是什么，他们又各持己见。

许多人对幸福的看法与那些智慧的人的看法并不一致。在前者看来，这是件再简单明了不过的事，比如快乐、财富或者荣耀这类事情。然而，对于幸福到底是其中何者，他们又人言人殊，甚至还经常出现同一个人会将幸福等同于不同事情的情况。比如，在他生病的时候，他将幸福等同于健康，在他穷困潦倒的时候，他又将之等同于财富。好在，在意识到他们的无知之后，他们也会对在这些超出了他们领悟能力的事情上通达无碍的人抱以仰慕。

还有些人认为，在我们提到的这些善之外，还存在着另外一种善，这一种善是自存的，也正是前面所说的所有的那些事情之所以是善的原因。

要仔细考察人们所持有的关于幸福的所有意见，这或许是徒劳无功的，我们只须考察那些最为流行或看起来最值得争辩的意见也就足够了。

人的三种生活方式

从人们孜孜以求的生活来看，大多数人，尤其是最为庸俗的那些人，似乎都（并非毫无根据地）将这个善，或者幸福，等同于快乐。这便是为何他们总对充满享乐的生活抱有热望。

我们可以认为，世间主要有三种类型的生活——我们刚刚提到的那种生活、政治的生活以及沉思的生活。

很多人显然都是他们品位的奴隶，情愿过着一种野兽般的生活，但是他们的这一做法却并非毫无根据，因为很多身居高位的人也有着萨丹纳帕鲁斯[①]般的品位。

我们对几种主要的生活方式的思量也表明，一些品性纯良高贵且天性积极的人会将幸福等同为荣耀，因为，大致说来，这就是政治生活的目的。

---

① 萨丹纳帕鲁斯，公元前7世纪的亚述帝国国王，一生荒淫无度，沉溺女色，在道德上则自私冷酷。公元前612年，在亚述因为波斯人的进攻即将亡国之际，他将所有的妃子和仆人都聚在一起杀死，将其所有的财富焚毁，然后自焚而亡，堪比中国历史上的商纣王。

但是，荣耀似乎太肤浅了，它也不应是我们正在寻求的那个善，既然我们认为能否得到荣耀更多地取决于授予荣耀的人而非接受荣耀的人，然而，我们所揣度的这个善却是为一个人所专有的，且不太容易被剥夺的某种东西。

进一步而言，人们之追求荣耀，似乎也是为了令他们的良善之处可以得到肯定，至少是寻求来自那些有实践智慧的人的夸耀，这种夸耀能令他们鹤立于熟人之群，并且也是基于他们自身的德性而挣得的。是故，很清楚，照他们的情况说来，德性无论如何都是件更善的事情。

也许，有人甚而会猜想，相比于荣耀，德性才是政治生活的目的。但是，即便这种说法听起来也是不够的。因为，拥有德性的人似乎也可以在事实上是一个沉睡的人，或者终生碌碌无为，而且承受了极大的苦难和厄运的人。但是，谁也不会称一个如此活着的人是幸福的，除非杠精。对于这种生活方式的讨论，我们已经说得够多了。

至于第三种生活，也即沉思生活，我们将在后面讨论。

爱钱者的生活是一种出于欲望冲动的生活，而财富明显不是我们正在寻求的那种善，因为，钱仅仅是有用而已，也是我们为了其他事情才去追求的。

如此说来，一个人完全可能毋宁是将前面提到的那些东西作为目的，以为它们就是因为它们自身而值得爱的。但是很明显，这些东西甚至都不是真正的目的，尽管人们已经炮制出很多论据来支持它们作为目的。

幸福是人生的首善和终极目的

让我们再次转向我们所寻求的那个善。我们要问的是，它可能是什么。……如果我们所做的所有事情都有一个目的的话，那么，这个目的将会是能够借着我们的行动来获取的那个善，如果目的还不止一个的话，那么，这些目的就是能够借着我们的行动来获取的多个善。

这样看来，我们的这个论证虽然过程不同，但达到了同样的结论。但是，我们必须将之陈述得更清楚一点。既然明显不止有一个目的，并且其中的某些目的（*比如财富、演奏音乐的长笛以及通常说的工具*）乃是我们为了其他什么东西才选择的，那便很清楚了，并不是所有的目的都是最终目的；但首善明显是某种最终目的。因此如果只存在一个最终目的的话，这个目的就将是我们此时正在寻求的那个；如果不止一个最终目的的话，则这些最终目的中最为终极的那个就是我们正在寻求的。

现在，相比于为了别的什么东西而值得被追求的目的，且让我们把那在其自身更值得追求的目的称为更为终极的，相比于那些既在其自身也因为其他什么东西而是可欲的目的，且让我们把那绝不会为了别的什么东西才是可欲的目的称为更为终极的。这样一来，我们就可以说，那个总是在其自身而绝不为了其他什么东西才可欲的目的是绝对终极的目的。

这个超乎所有其他东西的事情，我们认为就是幸福。

因为，幸福正是我们永远只为其自身而非为别的什么东西而选择的东西，而荣耀、快乐、理性以及其他每一种德性，我们之所以选择它们，虽然实际上也是为了它们自身（因为，就算它们带不来什么别的什么好处，我们也应该选择它们），但我们对它们的选择也是为了幸福。我们这一判断的理由在于，通过选择它们，我们的确会感到幸福。另一方面，没有人会在选择幸福的时候是为了这些东西，通常来讲，我们不会为了幸福之外的任何东西而选择幸福。

基于"自足性"，我们也可以推导出同样的结论。因为，终极的善被认为是自足的。然而，我们所说的自足并不是指一个人离群索居，自给自足，而是也要考虑其父母、子女、妻子以及他的朋友和同胞，既然人生来就是社会性的。不过，我们在此还须设置某种限制，因为，如果我们将之进一步扩展，认为还需要考虑其祖先、后代以及朋友的朋友，那这个序列就没有止尽了。无论如何，且让我们在别处再来考虑这个问题。现在，我们将"自足"界定为一个人仅凭自己也能令他的生活值得向往而且毫不匮乏（的状态），我们认为，幸福也正是这样的。

进而言之，我们认为幸福还是所有事情之中最可欲求的，且无须将之归为别的什么善事。因为，如果它是很多善事当中的一件的话，那么，很清楚，哪怕是给它加上最小的善，它也会变得更可欲求，加上的善会造成善的增长，而一件善越大，它就越值得欲求。

如此说来，幸福就是某种终极的且自足的东西，并且是行动的目的。

幸福是人的灵魂之善

然而，说幸福就是首要的善，想必看起来仍是一种陈词滥调，因而，我们依旧需要对它进行更为清楚的解释。

如果我们起先确定一下人的功能，兴许我们就可以给其以更清楚的解释。因为，我们认为，对一个长笛演奏者、一个雕塑家、一个艺术家来讲，或者，更普遍地说来，对所有拥有一种功能或活动的事物来讲，其善或者"好"就系于其功能，故此，如果人有一个功能的话，情况也应是如此。

我们能说木匠和皮匠都有特定的功能或者活动，而人却没有吗？难道人生来是没有任何功能的吗？还是说，正如眼睛、手、脚，以及身体的每一部分都明显有一种功能，我们能设定说人也同样有一个与所有这些功能不同的功能呢？如果可以，那么，这个功能是什么？

生命都是相通的，我们的生命甚至与植物都有共通之处，然而，我们在此寻求的乃是那对人来说独一无二的东西。因此且让我们排除只具有营养和生长功能的生命[①]。接下来，还有具备知觉的生命，但是，这对于马、水牛等每一种动物来说也没什么不同。那么，剩下的就只有一种能活动的生命了，此即拥有理性原则这一要素的生命。

我们说这种生命拥有理性原则，部分是在它遵从这一原则而活动这一意义上讲的，部分是在它拥有理性原则并且进行思想这一意义上讲的。并且，正如"带有理性要素的生命"有两种意义，我们也必须说，在活动这一意义上讲的生命就是我们所讲的生命，因为活动似乎正是"生命"这个词更为专门的意义。

现在，我们说，人的功能就是灵魂按照理性原则或不离理性原则而进行的活动。然而，如果我们说"一个某物"与"一个好的某物"，比如一个里拉琴手和一个好的里拉琴手，都拥有同一种类的功能，并且在所有例子中都是绝对如此，那么，"一个好的某物"拥有的功能就会更具卓越性，比如，一个里拉琴手的功能就是演奏里拉琴，而一个好的里拉琴手的功能则是以高超的技巧来演奏里拉琴。

如果这是对的，而且，我们说了，人的功能就在于特定

[①] 按照亚里士多德的看法，生命的活动有三种基本形式，分别是：（1）汲取营养并生长，即新陈代谢的活动；（2）感知活动；（3）思维活动。

种类的生活，此即灵魂不离理性原则进行的一种活动或行动，一个良善之人的功能则在于以良善且高贵的方式来执行这些活动或行动，而且，如果任何行动只有当其以专有的卓越性（德性）来执行时才叫得到完好的执行，那么最终，人的善就在于灵魂按照德性来进行的活动，而且，如果存在不止一种德性的话，则它就在于灵魂按照最好的且最为完全的那个德性进行的活动。但是，我们还需要在此加上"终其一生"这一限定。因为，独燕不成夏，一天也不成其为夏季，同样，一天，或者一瞬，也没法令一个人蒙福且变得幸福。

幸福是我们灵魂之有德性的活动

有些人将幸福等同于德性，有些人将之看作实践智慧，另外一些人将之视为一种哲学智慧，还有一些人则认为幸福是这些东西或这些东西之一再加上快乐，或者至少不排除快乐；此外，还有些人将外在的兴旺发达也囊括了进来。所有这些与幸福有关的观念，或受到了许多古代人的追捧，或得到了一些声名卓著者的肯定。如果说这些观念中有哪个是完全错误的，那几无可能，毋宁说，它们至少在某一方面甚或大多数方面都是对的。

我们对幸福的阐释与那些将幸福等同于德性或者某种具体德性的人是一致的，因为，有德性的行为就属于德性。但是，这样一来，我们将这一首要的善归为拥有（德性）还是归为使用（德性），归为心灵的状态还是归为活动就显得无甚分别了。然而，心灵的状态在没有产生任何好后果的情况下也是可以独存的，比如，一个睡梦中的人或者纹丝不动的人，但是，行为不能不产生什么后果，因为一个有行为的人必定是一个活动着的人，而且是良好地活动着的人。这就好比说，在奥林匹克运动会中，获得桂冠不是靠长得最美、最壮，而是要靠竞技（只有一些竞技者才能成为获胜者）。因此只有那些付诸行动的人才能赢得，而且是当仁不让地赢得生命中的那些高贵且良善的事情。

他们的生命本身也将是愉悦的。因为，快乐就是灵魂的一种状态，而且对于每一个人来说，他所喜爱的事物才是令他快乐的。比如，对于爱良驹者来说，一匹良驹才是可悦的，对于喜欢看稀奇的人来说，稀奇才是可悦的。同样，对于热爱正义的人来说，正义的作为才是可悦的，更普遍地讲，对于热爱德性的人来说，有德性的作为才是可悦的。然而，对大多数人而言，他们的诸多快乐总会发生相互间的冲突，因为他们的这些快乐并不是天然可悦的，只有那些热爱高贵之事的人才能找到天然可悦的东西。而有德性的行动就是此类天然可悦的事情，因此它们不仅在其自身的本性而言是可悦的，而且对于那些人来说也是可悦的。故此，那些人的生命已无须增添什么带有意外魅力的快乐，因其生命自身就已是充满快乐的了。

除了上述的理由外，这也是因为，那不会为高贵行为而感到欢欣的人甚至连良善之人都算不上，既然没有人会称一个并不喜欢正义行事的人是正义的，也没有人会将不喜欢大方行事的人称为大方的，如此等等。如果这是对的，那么，有德性的行为必定在其自身就是可悦的。

不仅如此,这些人也将是良善且高贵的,而且还是在最高的程度上拥有这些属性,既然良善之人总能对这些属性有良好的判断,而且其判断的方式也与我们前面描述过的方式如出一辙。因此幸福就是这个世界上最好、最高贵且最令人快乐的事情,而且,这些属性也并不如德罗斯[①]的铭文所言的那样是割裂的:

> 最高贵的事乃是最为正义的事,最好的事乃是健康;
> 然而,最令人心怡的却是去赢得我们之所爱。

因为,所有这些特性都属于最好的行为所具有的特性;而且,我们将幸福就等同于这些特性或者这些特性中最好的那个。

然而,很明显,如我们说过的,幸福也需要外在的善。因为,若没有专门的"利器",我们也不太可能,或者不太容易去行使高贵的行为。在许多行动中,我们都要以朋友、财富以及政治权力作为工具。而且,也有些东西,我们一旦缺少,也会令幸福失色不少,比如好的出身、好儿好女、美貌等。因为,一个人若相貌丑陋,或出身卑微,或鳏寡孤独,或膝下无子,

---

① 德罗斯岛是古希腊最为重要的神话、历史与考古遗址之一,是古希腊人的圣地,按照古希腊神话的说法,它是阿波罗与阿尔忒弥斯的诞生地。

那他就不太可能幸福，如果他儿女不肖，朋友不义，或者子女虽良，但已早夭，友人虽善，却已离世，幸福对他而言也仍非易事。故此，如我们所说，幸福似乎也需要额外的这一类兴旺。也正因此有些人会将幸福视为好运气，哪怕别人都将幸福等同为德性。

幸福是由己不由神的

正因此我们也要问问这个问题,幸福是靠学习、习惯养成或其他什么训练获得的,还是靠神意或机遇自动就降临到人身上的呢?

如果诸神真的给了人什么礼物的话,那么,我们完全有理由说幸福应该是神赐的,而且,最为确定的是,在诸神赐给人的所有事情中,它还是最好的。对于这个问题,另辟章节专门来讨论或许才更合适。无论如何,即便幸福并不是神赐的,而是德性以及某些学习或训练过程造成的后果,幸福似乎也在那些属神的事情之列。因为,德性所带来的嘉奖或者后果,似乎正是这世上最好之事,正是某种属神的、蒙祝福之事。

基于这一看法,幸福也通常被认为是人所共享的,因为,所有人在实现其德性之潜能时,只要未受妨害,就都可以凭着某种特定的学习与滋养而培育它。然而,如果以这样一种方式来获得幸福比单靠机遇获得幸福要好,我们就有理由说事实就该如此,每一件按照我们的本性来实施的事情,自然就是能有多好就有多好的，同样，每一件按照技艺或者任何的原因，尤其是按照所有原因中最好的那些原因来实施的事情，亦是如此。将最为伟大且尊贵之事托付到机遇手中，这无疑是一种十分糟糕的安排。

从我们对幸福的定义来看，上述问题的答案也是一目了然的。因为，我们已经说了，幸福就是灵魂的一种有德性的活动。就剩下的那些善来说，它们有些必定是作为幸福的前提而预先存在的，另外一些则是作为工具自然地来协助幸福，为幸福所用的。

正因此我们不会说牛、马或者任何其他的什么动物是幸福的，因为它们决计不能有这样一种活动。也正是出于这个理由，一个小孩子也不是幸福的，因为他年纪尚幼，还不能实施这些行为。我们说孩子们是幸福的，那不过是出于我们对他们的期望而给予的良好祝愿。幸福不仅仅需要我们有完全的德性，也需要有完全的生命，既然我们生命中会发生很多变故，而所有形式的机遇以及最为兴旺亨通之事，都有可能在我们垂垂老去时变成极大的厄运，正如《特洛伊史诗》

(*The Trojan Cycle*)中的普里阿摩斯①一样,对于这样一个经受了如此的"机遇",最后还不得善终的人,没有人会说他是幸福的。

那么,难道没有人可以在他活着的时候被称作是幸福的吗?难道我们必须如梭伦②所说,要盖棺才能定论吗?即便我们真接受这种说法,那么,难道只有一个人死了才能是幸福的吗?难道这不是十分荒谬的吗,特别是当我们说幸福就是一种活动的时候?

然而,有人会说,如果我们不说死人是幸福的,如果梭伦的话也不是这个意思,我们也完全可以因一个人身死以后就摆脱了诸多坏事与厄运而称他为有福的。这种说法也值得商榷。因为,一个活人即便对好事坏事皆无意识,但也仍然免不了要承受它们,同样,死人也免不了要承受好事和坏事,比如(他死后得到的)赞誉或骂名,他的子女或普遍来讲的

---

① 普里阿摩斯,是特洛伊的末代国王,据《荷马史诗》等古希腊史诗所言,他宽厚仁慈,蛮有德性,而且还子女众多,有50个儿子和12个女儿。可以说,他满足一般人眼中的"幸福之人"的任何标准。然而,他的晚景却相当凄惨。因为特洛伊战争,他的儿子大多数都战死,其中就包括他最爱的长子赫克托尔。不惟如此,在特洛伊陷落后,他也未能保全性命。
② 梭伦(前638—前559),出生于雅典的杰出改革家、政治家,于公元前594年出任雅典第一执政官,发动了著名的"梭伦改革"。梭伦素有智慧之名,被列为古希腊七贤之一。

后嗣所承受的幸运或不幸等。

而这也带来一个难题,因为,就算一个人业已幸福满满地活到了老,并且最终得享天年,许多相反之事也可能会降临到他子嗣身上——他们中的一些或许良善且享有当享的生活,但其他的一些则可能完全相反,而且,很显然,他们对其先祖所抱有的亲疏感在程度上也多有不同。那么,若说那个死掉的人还蒙受了这些变化,以至于变得一时幸福一时又凄惨,那无疑是奇谈怪论。然而,若说后嗣子孙之事对他们先祖的幸福全然没有影响,那也是奇谈怪论。

我们必须再回头看看我们提出的第一个难题,或许通过对它的思考,我们这里的难题也能迎刃而解。现在,如果我们必须看一个人的结局才能将其称作幸福的,但又不说他现在是幸福的,而是说他以前曾经是幸福的,那这无疑是一个悖论。这意味着,当他是幸福的时候,他所拥有的"幸福"这一属性并不能真正地去称述他,既然我们不愿将活着的人称作是幸福的,因为他可能会承受很多变故,而我们已经假定幸福是某种恒常永久的且无论如何都不会轻易改变的事情,然而一个人却不免处在运气的滚滚车轮下。很明显,如果我们对他的称述要与他的运气保持一致的话,我们就常常要把同一个人既称作幸福的又称作悲惨的,那这人就与变色龙无异了,他的幸福也因此是摇摆无定的了。那么,根据他的运气来判断他是否幸福的做法难道不是大错特错吗？

　　生命的成功或失败并不取决于这些运气，人的生命，如我们之前所说，虽确实需要这些东西，但它们仅仅是额外的条件。只有有德性的活动才真正构成了幸福，与德性活动相反的事情则构成了幸福的反面。

幸福是恒常之事

我们在此讨论的这个问题与我们对幸福的定义也是一致的。因为，就恒常性而言，人的任何工作都赶不上有德性的活动，人们常认为，这些活动甚至比科学知识还要持久。而在这些活动之中，最有价值的活动又是最为持久的。因为，那些幸福的人时刻准备着，并且矢志不渝地来积极从事的事情，正是这些最有价值的活动。这似乎也正是我们总会对这些活动心心念念的原因。

故而，恒常性这一属性将是属于幸福之人的。他会终生幸福，因为，他总是会，或者相较于其他任何事情都会更偏爱于汲汲从事有德性的行动与沉思，他也会以最为尊贵且优雅之姿领受生命中的那些机运，如果他确乎是"真正良善的"且"四德皆备，无可指摘"的话。

然而，许多事件都是待机运而发生的，而且这些事件具有不同的重要性。很显然，小小的运气或者小小的不幸无论如何都不会影响到整个生命，但是，许多重大的事件，在其结果很好的时候，诚然会令我们的生命更为幸福（因为，不仅这些事件本身会增添生命的美善，而且一个人处理它们的方式也将是高贵而良善的），但若其结果很糟糕的话，它们就会压碎、重创我们的幸福，因为它们不仅会给我们带来痛苦，还会对我们的许多活动造成妨害。然而，即便在这些坏事中，人也能闪耀出高贵之光辉，若他能够以顺从之态领受那巨大的不幸的话。当然，他的这一领受不能是出于对痛苦无动于衷，而是出于他高贵而宽宏的灵魂。

如果活动，如我们所说，能够赋予生命以品格的话，没有哪个幸福的人会变得凄切惨怛，因为他绝不会去做那些可憎且卑劣之事。我们认为，一个人若是真正良善且智慧的，那么，他就会以得体的方式承受住生命中的那些机运，并且，无论遭逢何种际遇，他也总能行最善之事，这就像，一位良将总是能最好地用兵（无论他所指挥的那些士兵是精是驽），而一位好鞋匠也总是能以手边的毛皮造出最好的鞋子（无论他所得到的毛皮是好是孬），其他能工巧匠也莫不如此。如果是这样，那么，幸福之人就绝不会变得凄切惨怛，尽管他若不幸遭逢普里阿摩斯那样的运气的话，他的确会没法获得至福。

再有，他也不会是首鼠两端、轻易动摇的人，因为，任何普通的不幸都不会轻易动摇他的幸福状态，除非是许多巨大的不幸，如果他已经遭逢了许多巨大的不幸，他也确乎不能在短时间内重获他的幸福，但若他终究还是恢复了他的幸福的话，那也是靠着他在很长的一段时间里才达成的许多卓尔不凡的成就。

那么，为何我们不说他是幸福的呢，若他不是一时地、偶然地，而是终其一生都依照完全的德性来行事且充分地享有外在的善？或者，我们还必须加上"若他还是命中注定要如此生活且死得其所"这一条件吗？当然，未来对我们来说总是晦暗不明的，而幸福，如我们所声称的，就是一个目的（终点），一个无论从哪方面来看都是终极的东西。若果如此，我们便可以将一些尚在人世，但满足了这些条件或势必满足这些条件的人称作是蒙福的——当然，也只是在此世蒙福的人而已。

幸福是由己不由人的

要说一个人的后代子孙和朋友的运气根本不会对其本人的幸福造成任何影响,这似乎不仅很不友爱,也有悖常情。但是,鉴于这些事情时有发生,且各不相同,有些离我们更近,有些则稍远些,若要一一来讨论,似乎是一个漫长的——不,简直是无止境的任务。对此做出一个普遍的概括大概也就够了。

这么说吧,如果就一个人自己所受的厄运来讲,有些对其生活影响重大,另外一些则无关大局,那我们朋友的厄运也会是各不相同的。而各种苦痛是降临到生者头上还是逝者身上,也会造成殊别,其差异之大,简直要比一出悲剧所描绘的无法无天的恶行与在舞台上表演出的恶行之间的差异更甚。这种差异也必须被考虑到。甚或,当我们思量前面提到过的那个关于逝者的谜题——逝者是否真的也会身受任何的善或恶的时候,这种差异也必须被考虑到。

因为,从这些考量出发,情况似乎是,即便什么好的或坏的事情搭上了他们,那件事也是微不足道的,无论就那件事情本身来说还是就其对他们的影响而言皆是如此。如果不是这样的话，那件事也至少在程度与类别上都不至于令那些不幸福的人变得幸福，或令那些本是幸福的人丧失福祉。这么看来，朋友那里的好运气或坏运气似乎会对逝者有所影响，但是这种影响既不会令幸福的人变得不幸福，也不会产生别的什么这类改变。

幸福是值得叹赏的完美之事

这些问题既已有了确定的答案，那就让我们来考虑一下，幸福到底是该归为被赞扬之事，还是该归为被叹赏之事吧，[①]因为很显然，它肯定不属于那些潜在之事。

每一件被赞扬之事之所以受赞扬，似乎都是因为它属于某类特定的事情并且与其他什么事情多少有些关联：我们赞扬正义的人或勇敢的人，并且，更普遍地说来，褒扬好人与德性,概是因为其中牵涉到的行为和工作,而我们赞扬强健者、敏行者以及诸如此类的人，也概因为他是某个特定类别的人，并且以某种方式而与某种良善且重要的事情联系在一起。

就算虑及我们对诸神的赞扬，也明显是这样，因为，要说诸神应该参照我们的标准来受评判，那自然是很荒谬的，然而我们之所以赞扬他们，乃是因为我们的赞扬参照了其他

---

① 亚里士多德在这里要区分的是幸福到底是一般性的好东西，还是特别难以获得的，足以成为其他好东西之参照标准的那种最好的东西，我们这里把前者译为"被赞扬之事"，后者译为"被叹赏之事"，以示二者的区分。虽然两种表达意思相近，但实有细微的区别。

什么事情。

但是，如果赞扬是相对于我们所描述的这些事情来说的话，那么很清楚，对于最好的那些事物，就不能仅仅是用赞扬，而应该是用某种更伟大、更好的词来称呼，正如我们实际上所做的那样，比如，对于诸神以及最像神的那些人，我们将他们称为"蒙福的"且"幸福的"。就那些善的事情来说，情形也是如此。没有人会像赞扬正义一样"赞扬"幸福。人们毋宁将幸福称为一件"蒙福的"事，正因为它是某种（比正义）更神圣的、更良善的事情。

欧多克索斯[①]为快乐的至高地位背书的方法似乎也是对的。他认为，一件事情如若是一件善事却不受赞扬，这恰恰表明它要比那些受赞扬的事情更好。他认为，神和善本身即是如此，因为这二者正是所有其他那些事情在被评判时的参照对象。

赞扬与德性是相适宜的，因为，正是出于德性的作用，人们才倾向于去行高贵之事，而颂词则是献给活动的，无论是身体的活动还是灵魂的活动。但是，且把这些事情之间的细微差别留给那些对颂词有所研究的人来思虑吧，对我们来

---

① 欧多克索斯，生活于公元前400年至公元前347年间，生于小亚细亚的尼多斯，精通数学、天文、地理，早年学医，后至雅典游学于柏拉图的学园，与柏拉图过从甚密。

说，从上述所说来看，很清楚，幸福属于那些被叹赏的且完满的事情之列。

从它是一个第一性的原则①这一事实来看，这似乎也是对的，因为，凡人之所行，都是为了它。既然它是所有善事的第一性的原则与原因，我们主张，它就是某种值得叹赏且神圣的事情。

---

① 在古希腊哲学中，"原则"（pricinple）也即"生成或认知的起点"。在亚里士多德看来，幸福乃是人的终极的善，也是首要的善，是人的一切行为的终极目的和出发点，故此，它是人的行为得以产生并得到解释的"第一性的原则"或"第一原则"。

幸福就是我们生命的实现活动

我们说过,幸福并不是一种倾向,因为,如果它是一种倾向的话,则一个终其一生都在睡梦之中,过着一种植物人般生活的人也会拥有幸福,或者,一个蒙受了巨大不幸的人也将是幸福的。如果这样的说法不可接受的话,那么,我们毋宁将幸福归为一种活动,正如我们之前所说的那样。

就活动而言,有些活动是必要的,但它们之所以是值得追求的,乃是为了其他什么事情,然而,另外一些活动则是本身就值得追求的。

很明显,幸福必定要被归为那些在其自身便值得追求的活动之列,而不是被归为那些为了其他什么事情才值得追求的活动之列。因为,幸福并不缺乏任何东西,而是自足的。对于在其自身就值得追求的那些活动,我们无须在它们之外再寻求任何的东西。

有德性的行为似乎就具有这种本性,因为,高贵且良善之行就是一件为其自身而值得追求的事情。

讨人快乐的娱乐好像也具有这种本性,我们在选择它们的时候，似乎也不是为了其他什么事情。然而，我们与其说因它们而受益，不如说因它们而受到伤害。因为，当我们沉溺于这些娱乐，就照料不好我们的身体，也掌管不住我们的财产。

被庸人们认为很幸福的人，大多数都是在这类消遣中寻求庇护。这就是在这些事情上"足智多谋"的弄臣们总能在暴君的王庭中受到尊崇的原因。在暴君们最喜欢去追求的那些事情上，这些人绞尽脑汁都要投其所好，成为暴君所欢喜的"伴侣"。而暴君们所青睐的臣子，也刚好就是这种人。

人们之所以认为这些事情具有幸福的性质，无非是因为那些手握权势的家伙把他们的闲暇时光都耗费在了这些事情上面。然而，那些家伙根本不足为据。因为，良善的活动是自德性与理性而发出的，然而，德性与理性却与是不是手揽大权没丁点儿关系。那些家伙若只是耽于肉体的快乐，那么，他们就绝无可能体尝过纯粹且自由的快乐。故此，这些事情实在不应该仅仅因为那些手握权势的家伙对它们孜孜以求就被认为是更值得欲求的。殊不知，就算是懵懂无知的男孩子，也会误以为他们自己所看重的事情就是最好的。

因而，我们所能期待的结论是，正如在男孩子和男人眼中，有价值的事情绝无相同，对于卑劣的人和高尚的人来说，有价值之事的标准也相差甚大。如我们反复坚称的那样，那令人荣耀、令人快乐的事情，也定是能令良善之人感到荣耀和快乐的事情。然而，对于每一个人来说，但凡最值得欲求的事，也就是与他自身的倾向相一致的活动。照良善之人来说，这也便是与他的德性相一致的活动。

因此幸福并不在于玩乐。实际上，如果一个人活着的目的只是玩乐，如果一个人终其一生，只是为了玩乐而空耗生命并徒增烦忧的话，那将何其荒唐！因为，一言以蔽之，除了选择幸福，也即我们生命的那个目的之外，我们所选择的每一样事情，都是为了其他什么东西而选择的。

纵情于声色，操劳于娱乐，这看起来实在是太傻太幼稚了！然而，若只是为了令自己能更好地投身于正事才娱乐一下，如阿那卡西斯[①]指出的那样，似乎也不错。毕竟，娱乐是一种放松休闲，既然我们不可能持续不断地工作，那我们无疑是需要这种休闲的。但不管怎样，休闲也不能是目的本身，因为，我们乃是为了活动才去休闲的。

我们认为，幸福的生活乃是有德性的生活；然而，有德性的生活又需要正经投入，并且，它也根本不在于玩乐。我们也说了，比起那些搞笑的、娱乐的事情，正经的事情要好

---

① 阿那卡西斯，生活于公元前6世纪初，传说为西徐亚的一位王子，古希腊七贤之一。被尊为古希腊原始美德的典范，曾游历希腊，留下许多名言警句。

得多。而且，在任何时候，更良善之人的活动，或者一个人身上更好的那个部分（也即理性）的活动，都是更为正经的。故此，更良善之人的或人身上更好的那个部分的活动，就是更为优越的，也因此更具幸福之本性。

就享受肉体快乐来讲，任何人，哪怕是个奴隶，也不会比最好的人差半分。但是，没有人会认为一个奴隶享有幸福，除非他还认为那个奴隶也能过上我们这样的生活。因为，正如我们所说，幸福绝不在于玩乐之类的活动，而是在于有德性的活动。

II

幸福在于过有德性的生活

德性是灵魂的卓越

既然幸福就是灵魂依循完美的德性进行的活动，我们就有必要来考察一下德性的本性，以便更好地窥测幸福的本性。

……

所谓人的德性，我们指的不是身体方面的德性，而是灵魂的德性，而我们所说的幸福也指的是一种灵魂的活动。

故此，政治学的研究者就必须知道一些与灵魂有关的事实，这就好比，一个医生若要治人的眼睛，他就必须对人的整个身体都有所了解。政治学的研究者应该更是如此，既然政治学要比医学更为优越，也更重要①。而且，哪怕是就医生

---

① 按照亚里士多德的划分，所有门类的科学（知识）大致可以分为三等：第一等是思辨科学，也即纯粹理论性的、为了知识本身而追求的那些知识，包括形而上学、物理学和数学；第二等是实践科学，也即为了某些外在的实践目的而追求的知识，包括伦理学、政治学、家政学（economics，古希腊没有我们今天所谓的经济学，这个词的字面意思在古希腊就是"持家之学"）；第三等是创制科学，也即为了外在的某种实践目的，而且伴随着某种创制活动和产品的知识，比如诗学、戏剧、修辞、建筑等等。医学（术）因为也是一种实践性的、且伴随着创制产品（健康）的技艺，因而被归为"创制科学"。故此，亚里士多德说，作为实践科学的政治学要比医学更为优越，也更重要。

而言，医术更为精熟的那些也正是曾耗费大量心血来了解人的身体的医生。因此政治学的研究者必得研究灵魂，而且还必得针对这些目标来研究它，只要足够回答我们在此所讨论的问题就行，无须追求更多的精确性，否则对于我们这里的目标来说就太费劲了。

因此政治学的研究者必须研究灵魂，而且必须在研究灵魂的时候考虑到这些目标，还得把这件事做到足够回答我们所讨论的那个问题的程度。不过，这倒也无须追求太多的精确性，因为那或许要比达到我们在此想达到的目标还费力。

关于灵魂的说法甚为充足，即便在我们的学园①之外，其讨论也甚众，我们必须利用起来。

比如，有说法认为，灵魂的一个要素是非理性的，一个要素则具有一种理性的原则。至于这两个部分到底是如同身体的各个部分或者任何可分之物一样是相互分离的，还是说如同一个圆周的凹处和凸处一样，仅仅在定义上有所区分而本性却不可分，这都无关宏旨。

那个非理性要素的部分似乎是为一切生命所普遍赋得的。其本性是植物性的，意即能够带来营养以及成长的。一个人若要指派给所有的婴儿和胚胎什么灵魂之能力的话，那

---

① 指亚里士多德所开设的吕西昂学园。

就必定是这种能力。若要将什么灵魂之能力指派给那些完全发育了的生物，也将是这种能力。比之于指派别的什么能力给它们，这种指派要更为合理。

这种卓越性似乎是所有的物种都共有的，并不为人类所独有。因为，人们认为，当人处在睡眠中的时候，灵魂的这一部分及其官能要比其他的部分和官能更为活跃，故此，在人睡觉的时候，最是难分什么好人坏人，因此也才有谚云：在人生之一半的时间里，幸福之人都并不胜于悲惨之人。这是很自然的，因为熟睡之时，灵魂并不会从事什么称得上善恶的事情，除非是灵魂受到了什么运动的轻微触动，才会导致良善之人的梦好过那些凡夫俗子的梦。关于这点我们已经说得足够多了，且让我们将灵魂的这种营养官能弃置一旁，既然就本性来说，它对于人的卓越性①的影响是微不足道的。

在灵魂之中，似乎还有另外一种非理性的要素，然而，此要素在某个意义上也分有一个理性的原则。因为，我们总会称许自制的人和不自制的人都有的理性，而且也称颂他们拥有理性的那部分灵魂，因为正是理性才敦促他们朝最良善的事情努力。

但是，在这些人之中，我们也能找到另外一个要素，这

---

② 这里的"卓越性"指的也即德性。

一要素天然地与那个理性原则针锋相对,与之争斗龃龉。这就好比不协调的肢体,我们想让它向右移动,它却偏偏移向左边,灵魂也会出现这般情景,无自制力之人的冲动,总是信马由缰。只不过,身体的那种行拂之乱是可见的,而灵魂的倒行逆施却是不可见的。

无疑,我们无论如何都得假定,在灵魂中也存在某种与理性原则相悖逆、相龃龉、相对立的东西。这一要素在何种意义上与其他要素相区分,这并不是我们这里关心的事情。重要的是,如我们所言,即便是这一要素,也分有一个理性原则。无论如何,在有自制力的人之中,这一非理性的要素会臣服于理性的原则,而在节制的与勇敢的人之中,这一要素会更为驯服,因为在这样的人之中,这一要素与理性原则几乎在所有的事情上都是一唱一和的。

由此可见,非理性的要素似乎也是双重的。因为,植物性的要素①绝不会分有什么理性原则,但是欲好的要素,以及更普遍的意义上讲的欲求的要素,却在某个意义上分有理性的原则,既然它听从并遵循理性原则。

这一非理性的要素在某个意义上会为一个理性原则所劝

---

① 这里所谓"植物性的要素",也即灵魂之中的负责生命体进行营养摄取、新陈代谢的"植物灵魂(营养灵魂)"部分。

服，这一点在我们给予别人以劝告、各式各样的责难以及训诫过程当中表现得很清楚。如果这一要素也必须被说成是"拥有一个理性原则的"，那么，所谓"拥有一个理性原则的东西"（以及"并不拥有一个理性原则的东西"）也将是双重的：一重是在严格的意义上并且是在其自身而言的，而另外一重则是在其倾向于像儿子臣服于父亲一般臣服于理性这一意义上讲的。

依照这种差别，德性也能够区分为不同的种类。因为，如我们所说，某些德性是理智德性，而另外一些则是道德德性。哲学智慧、理解以及实践智慧就是理智德性，而大方与节制之类的就是道德德性。因为，当我们谈论一个人的品性的时候，我们并不说他是有智慧的或者富有理解力的人，而只会说他是一个"好脾气的"或者"温和的"人。然而，我们也会因为一个人心灵的状态而称赞那个人是智慧的，并且，我们也会把那些值得称赞的人的心灵之状态赋以"德性"之名。

德性靠习惯养成

这么说来,德性有两个类型——理智的与道德的,理智德性的诞生与培育主要靠教育(它也因此而需要经验与时间),而道德德性则是习惯(habit)的产物,因此它的名称(ethic/ethike)就是由"习惯"(ethos)这个词略微变形而来。

由此看,很明显,没有什么道德德性是自然而然地在我们身上产生的;因为,任何凭其自然(本性)而存在的东西都不可能形成一种与其本性相反的习惯。比如,石头凭其自然总是向下落,它决计不可能习惯于向上飞,哪怕有人试图通过将它朝上抛一万次来训练它。同样,火也不会习惯于向下飘动,任何其他东西也不可能凭其自然以一种方式运动,同时又被训练成以另外一种方式运动。我们身上的德性,因而既不能借着自然而产生,也不能违背自然。毋宁说,自然赋予我们能力以便我们去获得它们,而要完全获得它们,则要靠习惯。

再者,就所有借着自然而临到我们身上的事情而言,我们起先获得的都是它们的潜能,而后才展现出其现实性。以感官为例，这是十分明显的。我们获得这些感觉能力，并不是通过什么不断地看或听，恰恰相反，我们在使用它们之前就已经拥有它们了，并不是因为使用它们才拥有它们。

但是，德性却须我们先练习而后才为我们所得，正如技艺一样。因为，就那些我们必须先行学会而后才能去实行它们的事情来说，我们就是靠着实行它们来学会它们的，比如，人们是通过建造建筑才成为建筑师的，里拉琴手是通过演奏里拉琴才成为里拉琴手的。故此，通过做正义的事，我们才变得正义；通过行节制，我们才变得节制；通过实施勇敢的行为，我们也才变得勇敢。

城邦之中的事情也确认了这一点。因为，城邦的立法者要令公民行善，乃是借此在公民之中塑造一些习惯。这便是每一个立法者的愿望，那些未能在这方面发挥作用的立法者可谓辱没了其名衔，而一个好的制度和一个坏的制度的区别正在于此。

再有，每一种德性之产生与损毁，皆是出于同样的原因，借着同样的一些手段，正如技艺一样。比如，好的里拉琴手的诞生，乃是通过操琴；糟糕的里拉琴手的诞生，也是通过操琴。就建筑师以及从事所有其他技艺的人来说，情况也莫不如此，一个人成为好建筑师或坏建筑师，无不是精良的建筑活动或蹩脚的建筑活动的结果。如果情况不是这样，那么他们也就不需要什么人去教了，所有的人也便是天生就工于或拙于某项技艺的了。

这么说来，论到德性，情况也是一样。借着我们在与他人打交道的时候所行的那些事，我们变成正义的或不义的；借着我们身处险境时所行的那些事，以及习惯性地感到恐惧或者信心满满的表现，我们变成怯懦的或勇敢的。这也契合于欲望与愤怒的情况，借着在相应的环境里以不同的方式来行事，某些人变得节制而温和，有些人则变得放纵且暴躁。

因此一言以蔽之，人之品性的不同状态都产生于相应的行为。这也是为何我们所展现出的行为总是能归为特定的种类，因为，我们的品性状态总是与这些行为的种差①相对应的。

故而，我们是否自很小的时候就形成了某类习惯，这并非一件无足轻重的事情，相反，它会令我们有云泥之判，或者千差万别。

……

我们首先就得想到，这些事情天生就容易因为不足或过剩而受到摧毁。正如我们在力量以及健康的例子当中看到的一样（要洞见那些难以知悉的事情，我们就必得以可感事物

---

① 所谓"种差"，指的就是能够将一类事情同其他类别的事情区别开的东西，也即那类事情的根本性质。

为证据），不管是锻炼过度，还是锻炼不足，都将损害我们的力量，同样，无论饮食是过量还是不足，也皆会损害健康，只有适宜的锻炼或饮食才会带来、增进并且保持力量或健康。对于节制、勇敢以及其他的德性来说，情况也是如此。

因为，一个人若总是逃避、害怕每一件事情，遭遇任何事情都不能挺身面对，他只会变成一个懦夫；而一个对什么都毫不畏惧，不管什么危险都直面相迎的人，也只能变成个莽夫。同样，一个骄奢淫逸、无所不欢的人，只会变成一个自我放纵之徒，而一个对任何一种快乐都如愚夫般无动于衷的人，也只会变成麻木无情的人。这么说来，过度与不足都会损害节制和勇敢，而遵循中道（mean）则会葆藏它们。

不仅那些德性的源起、发展以及损毁皆出自同一源泉与原因，而且，它们之实现的范围也是相同的。那些对我们的感觉来说更为明显的事情也是如此。比如，力量就是这样。力量是借着摄入许多食物并且进行许多运用才产生的，而也只有强壮有力的人才最能够做到这些事情。德性也是一样。借着不贪图享乐，我们变得节制，而也只有当我们已经变得节制的时候，我们也才最能够弃绝淫乐。论到勇敢也是一样，借着有临危不惧、威武不屈的习惯，我们变得勇敢，而且，也只有当我们变得勇敢的时候，我们才最能够做到威武不屈。

德性的养成关乎苦乐

我们必须将我们的行动所带来的快乐或痛苦看作我们品性状态的一种征兆。

一个人弃绝了身体的享乐还能安乐于此,则他必是个节制的人,若他为此感到心烦不已,则他必是个自我放纵的人。一个人直面可怖之事还能安之若素或者至少不为之心惊痛苦,他必是个勇者,若他为之胆战心惊,则他定是个懦夫。

因为,道德的卓越性(德性)是与快乐和痛苦相关的,为了快乐,我们往往对卑劣之事甘之如饴,因为痛苦,我们往往对高贵之事掩面回避。因此如柏拉图所言,我们应该打小就以一种特殊的方式来被抚养,以便我们除了对我们应该去做的那些事情感到苦痛之外,还能从中体会到安乐。这才是正确的教育。

再者,如果德性是关乎行动以及激情的,而每一种激情与每一行动都伴随着快乐和痛苦,那么,德性也将是与痛苦和快乐相关的。以这些手段来实施的惩罚也表明了这一点,因为惩罚就是一种救治,而任何的救治,自然都要受到相反之事的影响。

再者，如我们方才所说的，灵魂的每一种状态都与能令灵魂倾向于变坏或变好的那些种类的事物密切相关，然而，人之变坏，正因为对欢乐与痛苦的追逐与回避，要么是追逐他们所不应该追逐的，回避他们所不应回避的；要么是不应该追逐的时候追逐，不应该回避的时候回避；要么是把它们当作不应该追逐的来追逐或者不应该回避的来回避；要么就是以其他什么能够被区分出来的类似方式行拂倒错。

也正因此人们甚至把德性界定为某些不受动的、心静的状态。然而，这种界定并不好，因为他们讲得太绝对了，也没有提及"什么是应该的""什么是不应该的""什么时候是应该的或不应该的"，以及其他这类可能要额外考虑的事情。

因而，我们假定，这种卓越性（也即德性）令我们倾向于去做就快乐与痛苦来考虑的最好的事情，而恶习则令我们倾向于去行相反的事情。

下列的事实也能向我们揭示出，无论是德性还是恶习，皆与相同的一些事情相关。有三类东西是我们选择的对象，也即高贵之事、有利之事以及快乐之事，也有三类东西是我们回避的对象，也即前述那些事情的反面，分别是卑劣之事、有害之事以及痛苦之事。在所有这些事情上，良善的人都倾向于方正行之，而败坏的人则倾向于忤逆行之，尤其是事关快乐的时候，因为快乐是所有动物都追求的，它还与所有的选择对象都相随，比如，即便是高贵之事和有利之事看起来也都是令人心悦的。

再者，快乐也是自我们在襁褓之中时就伴随着我们成长的东西，这也是这一激情是如此难以消除，乃至贯穿我们一生的原因。我们甚至以快乐与痛苦作为准则来衡量我们的行动，只不过有些人更喜欢这么做，有些人较少这么做而已。因此之故，我们整个的考察也必定是与这些事情相关的，因为，是正确地还是错误地感到快乐和痛苦，这对我们行动的影响不可谓不大。

再者，用赫拉克利特①的话说，要想战胜快乐，那简直比战胜愤怒还要难，但是，技艺与德性却总要关涉到那更为艰难的事情，因为，事越是艰难，其所成就的善就越大。因此之故，无论是德性还是政治学，整体上都与快乐和痛苦相关，因为，善于驾驭苦乐的人将是良善的，而以糟糕的方式处置苦乐的人则是败坏的。

现在，我们可以充分地做结论说：德性是与痛苦和快乐相关的；产生德性的行为也能助长德性，而相反的行为则会摧毁德性；而且，产生德性的行为本身也是由德性所产生的。

---

① 赫拉克利特（其盛年约在公元前500年左右），古希腊著名哲学家，埃菲斯学派的代表人物，其哲学以晦涩而凝练的格言写就，独具风格。

德性的养成要靠对德性行为的实施

有人可能会疑惑,当我们说我们必须通过实施正义的行动来令自己变得正义,通过实施节制的行动来令自己变得节制,这到底是什么意思?因为,如果人们能实施正义的且节制的行为,他们就必定已经是正义的且节制的了,这就好比,如果他们按照文法规则来作文,按照音乐的法则来奏乐,则他们原就应该已是文法家和音乐家了。

然而,很确定地说,即便技艺也不是这样的。一个人当然可能碰巧,或者可能在别人的指导下按照文法规则来行文,但是,只有当他不仅写了某些符合文法的东西,而且本来就是按照文法来写那些东西的时候,他才称得上懂文法的人,因为只有这样才意味着他是按照他自己所拥有的文法知识来写的。

再说了,技艺的例子和德性的例子并不尽然相同,因为,技艺的产品自身就有价值,它们能以一定的品质被制作出来,那就足够了;然而,按照德性来实施的行动若要以一种正义的或有节制的方式来实施，就不能只是因为这些行动自身所具有的某些品质，而是也要取决于行动者在行动时所处的状况，也即，首先，他的行动要出自他的知识；其次，他的行动要出自他的理性选择，且他对他的行动的理性选择乃是为了那些行动自身；最后，他的行动也必须出自一种坚定的、无可动摇的品性。对技艺的拥有却无须考虑这些条件，除了单纯的知识。但是，对于拥有德性的人来说，知识只是一个条件，并不意味着全部，其他的那些条件，也至关重要，并非无足轻重。而其他的那些条件，正是靠不断地实施正义且节制的行动才达成的条件。

因而，一些行为之所以被称为正义的与节制的，乃在于它们是正义的人或节制的人乐意做的事情；但是，这并不是说做了正义且节制之事的人就一定是正义的或节制的，而是说，在做这些事的时候，那个人还必须是作为正义且节制的人来实施它们的。

于此，我们说得很详细了，也即经由实施正义的行动，正义的人产生了；经由实施节制的行动，节制的人产生了。没有对这些事情的实施，任何人都不会成为良善之人，甚至连想都别想。

但是，大多数人都不这么来行事，他们只是躲藏在理论之中，自认为是哲学家，奢望这就能令他们变得良善。他们表现得就像某些病人，听医生讲话时倒显得聚精会神，却丝毫不按医嘱去做。病人如果这样来接受治疗的话，他的身体怕是不会见好，那些人如果要靠那种所谓的哲学的话，他们的灵魂怕是也不会有什么改善！

德性是我们的品性之状态

接下来，我们必须考虑德性到底是什么。既然我们在灵魂中找到三类东西——感受、官能以及品性状态，那么德性就必居其一。

所谓感受，我指的是欲求、愤怒、畏惧、自负、嫉妒、愉悦、友善、愤恨、渴望、钦慕、怜悯，以及通常的那些与快乐和痛苦相伴的情感。

所谓官能，我指的是一些令我们能够感受这些事情的能力，比如，感受变得愤怒、痛苦或怜悯的能力。

所谓品性的状态，则指的是令我们要么很好地要么糟糕地去承受一些激情的状态，比如，如果我们以一种暴烈的方式或者过于孱弱的方式来感受我们的愤怒的话，我们就是在以糟糕的方式承受它；如果我们以一种适中的方式感受到我们的愤怒的话，则我们才是以良好的方式承受它。就其他激情而论，情况也是如此。

然而，无论是德性还是恶习，都不是激情。因为，我们之被称为善的或恶的，并不是因为我们的激情，而是因为我们的德性与恶习。同样，我们之所以受赞扬或责备，也并非因为我们的感受（比如，感到恐惧或愤怒的人就不受赞扬，而单纯感到愤怒的人也不受责备，除非这个人是以某种特定的方式来感受它），而是因为我们的德性与恶习。

再者，我们无法选择去"感到"愤怒或恐惧，但不同的德性是不同方式的选择，或者牵涉到选择。进一步而言，我们常说我们为激情所触动，但是，论到德性和恶习，我们却不说我们被它们所触动，只说以某种特殊的方式受到它们的驱使。

出于这些原因，它们也不是官能。因为，我们之被称为善的或恶的，受赞扬或被责备，都不仅仅是因为我们"能够"体会一些感受。再说了，那些官能是我们天生就有的，但我们并非天生就是善的或恶的，这一点我们之前已经说了。这么说来，如果德性与恶习既非激情也非官能的话，则它们就只应该是品性之状态了。

由此，我们就搞清楚了德性的属类。

德性就是一种"中道"状态

然而，我们不仅要将德性描述为一种品性的状态，还要说清楚它到底是何种状态。

就此，我们可以说，每一种德性或卓越性不仅给具有该卓越性的事物带来好的条件，也令此事物的工作得以完好地执行。比如，眼睛的卓越性就不仅令眼睛好，也令眼睛的工作得以完善，因为，正是借着眼睛的卓越性，我们才能清楚地看见。同样，马的卓越性不仅给一匹马自身带来好处，也令之善于奔跑，善于背负骑手并伺敌。

因而，如果事皆如此的话，那么，人的德性也将是令人变得良善并令他工于其行的品性之状态。

德性如何会这样，我们已经讲得很清楚了，然而，我们还可以考虑一下德性的本质以便更清楚地揭示这一点。

在所有连续且可分的事物之中，我们都可以就那些事物自身或者就其相对于我们的方面而言，取其多，取其少，或者取其相等。相等就处于过度和不足的中间。

所谓一个对象自身的适中，我指的是与其每一端都距离相等的状态，它对于所有的人来说都是确定一致的。所谓相对于我们来说的适中，指的则是既不太多也不太少的状态，而这对于不同的人来说是不同的。

比如，如果 10 是多而 2 是少的话，那么，从对象自身来考虑，6 就是中间，因为 6 超过 2 的数量与 6 被 10 超过的数量是相等的，这就是按照数学比例来说的适中。但是，相对于我们来说的适中却不是这样取得的。比如，对一个受训的人来说，如果 10 磅的食物太多，而 2 磅的食物又太少的话，这也并不意味着教练就得给他点 6 磅的食物，因为 6 磅的食物对领受的那个人来说可能也仍然太多，或者太少了——对于米洛[①]来说，这实在是太少了，而对于刚刚进行竞技训练的菜鸟来说，这又太多了。就跑步和摔跤来说，情况也是如此。

因此任何一门技艺的大师都要避免过度和不足的情况，努力寻求并选择适中状态，当然，不是就对象本身来考虑的适中，而是对我们而言的适中。

如果这是对的，那么，倘若操持之人能审度适中并以此为标准来衡量其作品，则每一种技艺就都能尽善其工。也正

---

① 米洛，全称为"克罗顿的米洛"（Milo of Croton），也称"米隆"（Milon）。按照古希腊传说，米洛自幼便有神力，自出生起便每天都要举一头小牛犊做锻炼，直到那头小牛成长为一头大公牛。很显然，他的食量想必也是惊人的。

因此我们常说，好的技艺作品总是增一分嫌多减一分嫌少，其意思就是，无论是过度还是不足，都会毁掉那些作品的精良，但适中会存其精良；而好的艺术家，如我们所说，在他们的工作中仔细审度的就是这一点。

进一步说来，如果德性也如同自然一样，要比任何的技艺都更精密且更善的话，那么，德性（*在此我指的是道德德性*）也必定以适中为鹄的。

因为，德性是与感受以及行动相关的，而在感受以及行动之中总存在着过度、不足以及适中的情况。比如，我们对于恐惧、自负、欲求、愤怒、怜悯以及普遍说来的快乐与痛苦的感受都有可能出现太多或太少的情况，而这两种情况都不怎么好。但是，如果我们在正确的时机，对照正确的对象，朝向正确的人，带着正确的动机，并且以正确的方式来感受这些感受，那么，我们的感受就是适中的且最好的，而这便是德性的特征。论及行动也是一样，也存在着过度、不足和适中的情况。

这么说来，德性关乎感受与行动，而在感受与行动之中，过度与不足都意味着失败，只有适中才是值得赞扬的，才是一种成功。而令人称赞与成功正是德性的特征。故而，德性就是一种中道，如我们所见，它瞄准的乃是适中。

再者，失败的道路可能有千万条（因为，按照毕达哥拉斯学派的推测，恶类属无限之物，而善则类属有限之物），而成功的道路只可能有一条（也正因此一条道路是简单的，另一条则是艰难的，因为，要偏离目标很容易，而要命中鹄的则很难）。基于这些理由，过度与不足因此也便是恶习的特征，而中道则是德性的特征。人要成善，只有此一途径，若要为恶，则有许多途径。

这么说来，德性就是这样一种品性状态，它与选择相关，系于一种中道，也即相对于我们来说的适中，这种适中乃是由一个理性原则来决定的，也便是由具有实践智慧的人在决定什么是适中时所借着的那条原则所决定的。

它就是两种恶习的中间状态，也即由过度以及不足分别造成的两种恶习的中间状态。又言之，德性之所以是中道，乃是因为就感受与行动而言，恶习要么是未企及它们的正确量度，要么是远超过它们的正确量度，然而德性不仅发现了那适中的量度，还选择了那一适中量度。因此无论是就其本体来考虑，还是就其真实本性的定义来考虑，德性都是一种中道；当我们虑及什么才是对的且最好的东西时，它才是种"极端的"东西。

但是，并非每一行动或感受都有所谓的"中道"，因为，有些行动或感受的名目就已经暗示了某种恶，比如，恶意、无耻、妒忌之类的感受，以及通奸、偷盗、谋杀之类的行为。

所有诸如此类的激情或行动的名目都已经暗示它们本身就是坏的，而不是超过了什么或者缺乏什么。

它们决计不可能是正当的，任何时候都必是错的。比如通奸，其好或坏就并不取决于它是不是与正确的女性、在正确的时间、以正确的方式犯下，只要犯下它，就必是错的。其他这类事情也是如此。

若指望在不义的、怯懦的、荒淫的行为中存在什么适中、过度或者不足的情况，那也同样是荒谬的。因为，若那样算，就还有一种过度与不足的适中、一种过度的过度以及一种不足的不足。

应该说，正如就节制与勇敢而言不存在什么过度与不足（因为适中在某个意义上就是一种端点），我们提到的那些行为也无所谓什么适中、过度或不足，它们只要被实施，就无论如何都是错的，因为，普遍而言，既不存在过度适中或不足的适中，也不存在适中过度或适中不足。

中道在于避免走极端

成为一个良善的人并非是一件易事。因为，不管在什么事物之中，要发现其适中状态都非易事，比如，要找到一个圆的圆心就不是无论什么人都能轻易做到的，只有那些对此有知识的人才可以做到。故此，任何人都能变得愤怒，也能给钱或花钱，这并不难；但是，如果要针对正确的人，以正确的程度，在正确的时机，带着正确的动机，并且以正确的方式来做这些事，就不是每个人都能做到的，这实非易事。这也是善会如此稀有、如此令人倾慕、如此高贵的原因！

因而，以适中为鹄的的人必须在一开始就远离与适中更为相反的事情，正如卡吕普索建议的：

"掌好船舵，让它远离巨浪，也让它远离细浪。"[1]

因为，就极端状态来说，它们都是错的，但一个错得要更多，另一个则少些。因此倘若我们处于极端且很难企及中道，

---

[1] 卡吕普索系古希腊神话中的海洋女神，其名字的本意乃是"隐藏""掩盖"或"欺瞒"。亚里士多德所引的这句诗就是奥德修斯临行前，卡吕普索对他的劝告。

则我们就必须像人们所说的那样，取最小的恶作为次佳的选择。

若以我们所描述的方式来行，就能够最好地避开那些与适中状态相反的事。但是，我们还必须考虑到那些很容易就将我们自己带偏的事情。因为，我们中总有些人会倾向于某件事情，另一些则会倾向于另一件事情，从我们所感受的快乐和痛苦来看，这一点很清楚。此时，我们必须拽着我们自己向相反的极端而行，这会令我们脱离目前的错误并达致适中状态，就像木棍若弯曲了，人们就将之扳直一样。

在所有的事情之中，我们最应去提防的，乃是悦人之事或快乐，因为我们没法不偏不倚地来评判它们。在感受快乐的时候，我们当如老头子感受海伦①一般，并且无论在什么情境中都牢记他们的训诫。如果我们以此方式打消了快乐，我们就不会那么容易走偏。总而言之，依此行事，我们就最能够达致中道。

但这无疑也是十分困难的，尤其是当我们身处个别的场合的时候。比如，要多愤怒、对谁感到愤怒、针对怎样的挑衅才愤怒以及愤怒多久，这都是一个人难以决断的事情。而且，

---

① 《荷马史诗》中，海伦被认为是天下最漂亮的女人。亚里士多德在这里的意思是说，快乐就像海伦一般，没有人不爱慕，然而，它也容易引起坏的后果。因而，我们应该像老头子对待海伦一般对待快乐，也即知其美善，却不为所动以至于行拂错乱。

有时候，我们会赞扬那些较少愤怒的人，称他们为"好脾气的"，有时候，我们又会表扬那些变得愤怒的人，说他们"有男儿样"。

然而，一个人只要是大体上没有偏离于善，则人们也不会怎么责备他，无论他的偏离是多一点还是少一点。只有偏离善太多的人才会受人责备——若他偏离太多，那他就不可能不被人注意到。只是，到底到何种程度才算偏离于善太多以至于当受谴责，这也不是轻易就能凭理性来决定的事情，起码不会比任何由感官来把握的事容易决定。这些事情取决于特殊的事实，对它们的决定也有赖于我们的感知。

要不走极端，我们就必须做选择

　　选择与德性的关联被认为是最亲密的，而且，选择也比行动更能区分人的品性。

　　选择看起来是自愿的，但与自愿的行动并非一回事，后者的外延要更广一些。比如，小孩子与动物都享有自愿的行动，却没有真正的选择，而且，因时机之紧迫而突发的行为，我们也会称之为自愿的，但它们显然不是选择的结果。

　　将选择说成欲好、脾气、愿望或者一种意见似乎也不对。因为，选择并不是人与非理性的造物所共有的，但欲好和愤怒却是。再者，无自制力的人常依其欲好来行事，却不经选择而行事；相反，有自制力的人经选择而行事，却不依其欲好来行事。再说了，欲好与选择可以是相反的，欲好与欲好却并不相反。还有，欲好总关系到令人欢欣以及令人痛苦的事情，但选择则既不相关于令人痛苦的事情，也与令人欢欣的事情无涉。

　　这么说来，选择就更不是愤怒了，因为，出于愤怒的行为要比任何其他对象都不是可选择的对象。

选择也不是愿望，尽管二者看起来很相近，因为选择不可能跟一些不可能的事情相关，如果有人说他选择了什么不可能的事情，他定会被认为是个傻子，然而，即便是对于不可能的事情，比如，对于长生不朽，我们也仍然可以当愿望的。

而且，愿望可能与一些事相关，而这些事是一个人无论如何也不能靠自己的努力实现的，比如，一个糟糕的演员或运动员希望在一场竞赛中赢得桂冠。但是，没有人会选择这种事情，人所能选择的只能是那些他认为能够凭着自身的努力来实现的事情。

再者，愿望是与目的相关的，选择则毋宁是与有助于我们实现目的的那些事情相关。比如，我们常愿我们能健康长寿，然而，我们须选择那些能令我们健康长寿的行为；我们也常愿成为幸福的人，我们常说我们"真的希望"自己幸福，但是我们不能够说"我们选择"成为幸福的人。因为，大体上说，选择似乎总是与那些在我们能力范围内的事情相关的。

也正因此选择不可能是意见，因为意见被认为是与所有类别的事情都相关的，既与我们能力范围内的事情相关，也丝毫不少地与永恒之事以及不可能之事相关。而且，意见的区分，只在于其是错的还是对的，并非在于其是恶的还是善的，但选择的区分不在于其是善的还是恶的。

通常说来，或许没有什么人会真的认为选择与意见是一回事。然而我们要强调的是，选择甚至与任何类型的意见都不是一回事。

因为，借着选择善的或恶的事情，我们成为具有某种特定品性的人，但我们并不会因为持有什么意见而具有某种特定的品性。

而且，我们所选择的，乃是去实现或者避免某件善的或恶的事情，而我们抱有意见的，则是一件事情是什么，它对谁来说是善的，它又如何对他来说是善的这类问题，对于任何事情，我们都很难说得上有意见去实现它或避免它。

再者，一个选择之所以会受赞扬，乃是因为它与正确的对象相关，而非因为它与对象有什么正确的关联，然而，一个意见之所以会受赞扬，则是因为它与它的对象有真确的关联。

再者，在选择之中，我们总是对什么才是善的事情有最为清楚的认知，但是，在意见之中，我们置喙的对象常常是我们根本不知道的事情。而且，被认为做出了最好选择的人常常并不是那些被认为有着最好的意见的人，有些人尽管有着相当好的意见，却也会因为恶习而选择他们所不应该去选择的事情。如果意见先于选择，或者说伴随着选择，那也不会有什么分别；因为，这一点并不是我们现在正考虑的问题，我们现在考虑的是，选择是否是与某些类型的意见相等同的。

那么，选择究竟是哪一类事情呢，既然上述的那些事情皆非选择？它似乎是自愿的，但并不是所有的自愿之事都是选择的对象。那么，它是我们借着预先的权衡来决定的那个东西吗？选择无论如何都要牵涉到理性与思考，就连其名称也暗示了，它正是在其他事情之前被择取的事情[①]。

---

① "选择"的希腊文为 proairesis，其前缀 pro- 的意思就是"在什么之前"。

要做选择,我们就必须事先权衡

我们对每一件事情都要进行权衡吗?无论什么事情,是否都是权衡的对象,或者说,有什么事是不可能进行权衡的吗?

一个傻子或疯子嘴里念叨来念叨去的事情,大概不应当被我们称作一个权衡的对象,只有正常人左思右想的事情才算得上权衡的对象。

没有人会权衡那些永恒之事,比如,对整个宇宙、一个正方形的对角线和四条边的不可通约性进行权衡。

我们也不会就那些虽然牵涉到运动却总是以同样的方式发生的事情加以权衡,无论这些事情是出于必然、出于自然还是出于其他什么原因。比如,星辰的至点与升落。

我们也不会对那些一时以这种方式发生一时又以那种方式发生的事情加以权衡,比如,干旱与降雨。同样,我们也不会对那些有待于机缘的事件进行权衡,比如寻找宝藏。

甚至就人类的事务而言,我们也不会事事都加以权衡,比如,斯巴达人就不会为斯基泰人该实现什么样的政治制度才最好而殚精竭虑。因为,任何这样的事情都不可能是借着我们自身的努力就可以实现的。

我们所权衡的事情，总是些在我们的能力范围内且能够被实施的事情。而这些事情实际上就是我们上面未提及的事情。因为，自然、必然性以及机缘都被认为是原因，理性以及每一样取决于人的事情也是。然而，无论哪一阶层的人，他们所权衡的都是些能够借着他们自身的努力来实施的事情。

在精确的、自立的知识门类中，不存在什么权衡，比如，对于字母表中的字母就没什么好权衡的，因为我们对于它们该如何书写没有任何疑虑。但是，那些借着我们的努力来实施，而且并不总是以同样的方式来发生的事情，正是我们须权衡的事情，比如，该如何用药、该如何赚钱这样的问题。

而且，正如我们在航海术方面需要比在体育学方面做更多的权衡（虽然航海之技艺在实操的时候，会更少精确性），其他一些事情也应做如是考虑。另外，相比较于科学，我们对技艺也会有更多的权衡，因为对于技艺，我们有着更多的疑虑。

权衡关系到在大多数情况下都以某种特定的方式发生然而本身尚不明朗的事情，也关系到悬而未决的事情。对于一些重要的问题，当我们并不确信我们自身可以很好地进行择取，我们也会吁求其他人来帮助我们权衡。

我们所权衡的，绝非目的本身，而是令我们达成目的的那些事情。比如，一个医生就不会权衡他到底应不应该治病，一个演说者也不会权衡他到底应不应该去说服别人，一个政治家也不会权衡他到底应不应该制定法律与秩序。同样，任何其他什么人也不就他的目的进行权衡。

对他们来说，目的都是既定的，他们要考虑的只是那一目的该怎样来实现以及凭借什么手段来实现。如果那一目的可以依靠好多种手段来实现，他们就要考虑靠哪种手段才能最为容易且最好地来实现。如果那一目的只能靠一种手段来达成，他们要考虑的就是此一目的如何由这一手段来达成，这一手段又通过怎样的途径来获取，直到他们发现第一性的原因，也即在发现的秩序上处在最后的那个原因。

处在权衡之中的人做探究并分析，其方式似乎如同解析一个几何学的构造（并不是所有的探究都看起来像权衡，比如，数学的探究就不像，但是所有的权衡都是探究），而处在分析的秩序最后的，似乎就是在生成的秩序上最先的东西。

而且，如果我们最终发现它是不可能的，我们就放弃对其的探寻，比如，当我们发现做某件事需要钱但我们无从搞到钱。

但是，如果一件事情看起来是可能的，我们就会试着去实施。所谓"可能的事情"，我指的是那些可能借着你自身的努力而实现的事情，在某个意义上，这些事情也包括一些能够借着我们朋友的努力达成的事情，既然在这种情形中，其推动原则仍然是属于我们自身的。

在这些例子中，需要我们做探究和考察的，有时候是工具，有时候是对于那些工具的运用。在别的一些例子中也是一样——有时候是手段，有时候是使用手段的方式，或者是获取手段的手段。

因而，似乎正如我们所说的，人就是一个行动着的推动原则[①]，而权衡则关系到行动者自己如何来实施该行动，而且，那些行动都不是为了他们自身，而是为了其他什么事情。因为，目的不能够成为权衡的对象，只有那有助于达成目的的事情才是我们要权衡的。

实际上，任何特殊的事实也不能是权衡的对象，比如，这块面包到底是不是按照应有的程序焙烤出来的。因为，这类事实只事关我们的感知。如果我们要事事权衡的话，那就没完没了啦。

除非选择的对象本就已经是确定的，否则，我们所权衡

---

① 在亚里士多德看来，任何运动或变化都有一个"推动者"（mover）或者说"推动原则"（moving principle），否则运动不可能发生。人的行为作为一种运动，也不例外，对于任何由人有意识地去实施的运动而言，人都是其推动原则。

的事情与我们所择取的事情就是同一件事情,选择的对象正是基于我们的权衡而被决定下来的事情。

任何人一旦已经将行动的推动原则归为自身,归为他自身中的那个统治性的部分,他就可以停止探究了,做抉择的就是他自身或他身上统治他的那个部分。从荷马所呈现的上古制度来看,这一点也是非常明显的,因为在上古,国王们总会将他们的选择宣告给其臣民。

选择的对象既然是我们能力范围内的,且在权衡之后为我们所欲的东西,那么,选择就是对于在我们自身能力范围内的事情之深思熟虑的欲求。因为,当我们已经基于权衡而做出了决定的时候,我们就依照我们的权衡来欲求。

我们是自我德性的主人

这么说来，目的乃是为我们所期望的东西，而有助于达成目的的那些事情则是为我们所权衡并抉择的东西，与后者相关的行动必定是按照抉择进行并且是自愿的。

德性的练习就与这些事情相关。因此德性也是在我们能力范围内的事情，而恶习也是。因为，一件事情的实施若处在我们的能力范围内，则不去实施它也便是处在我们的能力范围内，反过来说也是一样。这便造成，去实施一件事情若是高贵的，且在我们的能力范围内，则不去实施这件事就将是低贱的，也将是在我们的能力范围内的。反过来，如果不去做某件事是高贵的，且这在我们的能力范围内，那么，去做这件事就将是低贱的，也将在我们的能力范围内。

这么说来，如果不仅实施或高贵或低贱之事处在我们的能力范围内，且不去实施这些或高贵或低贱之事也同样是处在我们能力范围内的，而且，倘使这便是我们所说的"是善的"或"是恶的"的意思的话，则成为有德性的人还是成为邪恶的人就完全是我们能力范围内的事情。

有谚云,"无人自愿作恶,也无人不愿蒙福",这句话似乎半真半假。因为,诚然,任何人都不会不愿蒙福,他却会自愿作恶。无论如何,我们都必须就我们刚刚所说的那些话再做些澄清,并且否决那种认为人之作为其行动的动力原则或催生者,就如同父亲之于孩子的看法。但如果这些事实是非常明显的,且我们不可能将行动归于我们自身之外的什么动力原则,那么,那些行动,其动力原则既系于我们,就必定本身也是在我们的能力范围内且为我们所自愿的。

无论是一些私下里颇有手腕的个人还是那些立法者自身,似乎都可以为这一点提供佐证,因为这些人对那些犯下恶行的人施以惩戒和复仇(除非他们是被强迫或者因为无知才犯下那些恶行,那他们自己就无须为之负责),也给予那些行为高贵的人以荣耀,似乎意在鼓励后者而威慑前者。

但是,没有人会因为受到鼓励而去做那些既不在他的能力范围内也非他自愿的事情,可以料想,若一个人被劝说不要觉得太热,不要觉得痛苦,不要觉得太饿,或者不要觉得其他什么,那多半是没什么效果的,我们多多少少都会体验到这些感受。

事实上,我们的确会因为一个人太无知而对他施以惩罚,如果我们认为他确实需要为那种无知负责的话。而在醉酒的情形中,这种惩罚或是双倍的。因为在醉酒的情形中,其行动的推动原则仍然在那个人身上，他本有能力不让自己喝醉，而他喝醉又造成了他的无知。我们也会惩罚那些对于法律一无所知的人，因为他们理应知道那些法律，而且那也根本不算什么难事。在任何其他的一些因为粗心大意而导致无知的例子中，那些人都应受到惩罚，我们假定，鉴于他们本有小心谨慎的能力，他们也本有能力避免对那些事情的无知状态。

一个人或许本就是那种粗枝大叶的人。但是，他们之所以变成那种人，也仍然要由自己来负责，因为，这与他们懒散敷衍的生活脱不了干系。同样，人若变得不义或者自我放纵，也都须由他们自己来负责，在那种状态中，他们满口谎言，或者将时日都打发在酗酒斗殴之类的事情上。

因为，在特殊对象上不断练习的活动，终将造成相应的品性。以那些为了什么竞赛或行动而不懈训练的人为例，这一点是非常清楚的——他们无时无刻不在实践着某个活动。正是对于特殊对象的反复练习才造成了各种品性状态，如果连这一点都不知道，那实在是一个彻底麻木不仁的家伙。

再者，若假定一个多行不义的人其实并不希冀自己成为不义的，或者一个自我放纵的人其实也不希冀自我放纵，那也是无稽之谈。如果一个人做了令他变得不义的事，也并不是对那件事情无知的，则他就是自愿成为不义的。

然而，由此也不能推导说，只要他希冀，那他也会停止成为不正义的，转而变成正义的。因为，哪怕是就一个病人而论，也不可能希冀自己好转就能变得好转，尽管他或许完全可能自愿生病，比如，通过毫不自制的生活和违背医嘱。在这个例子中，不生病对他来说确实曾是一种开放的可能性，但现在却不是，因为他已经挥霍掉了他的机会，这就好比，当你已经扔出一块石头，要想追回它就太迟了。

然而，将它掷出却依旧曾是你能力范围内的事情，那个推动原则曾经就是在你之中的。因此对于不正义的人以及自我放纵的人来说，在一开始的确有避免变成这种人的开放的可能性，然而他们当初自愿地成为这种人，现在，木已成舟，他们也便不可能不是这种人了。

不仅灵魂之恶是自愿的，身体方面的恶在某些人那里也是自愿的，概是因此那些人才受到责备。

没有人会责备那些天生就丑陋的人，然而，我们却责备那些因为缺乏锻炼以及对身体的照料而变得丑陋的人。论及身体方面的孱弱和虚弱，情况也是一样的。没有人会谴责一个自生下来就眼盲，或者因疾病与重击而致盲的人，而是怜悯他；然而，人人都会责备一个因为酗酒或者其他什么自我放纵的行为而致盲的人。

就身体方面的恶而论，那些由我们能力范围内的事情造成的恶理当受到谴责，而那些由不在我们能力范围内的事情造成的恶则不应受谴责。如果这是对的，则在其他那些例子当中受到谴责的恶也必定是在我们能力范围内的。

有人可能会说，每个人所欲求的，都定是对他来说看起来是善的东西，但那个东西在表象后面是怎样，是那个人根本无法控制的。然而，对于每个个体来说，一个目的看起来怎么样，实际上就取决于他是个什么样的人，无论那个目的可能是什么。

我们的回答是：如果每一个人都要以某种方式来为他自己所处的状态负责的话，则他自身也要以某种方式来为事情为何向他如此显现而负责。如果不是这样，则人人都无须为自己的恶行负责。进而推之，每个人之所以犯下恶行，都将是出于对其目的的无知，想当然地认为他能借着这些恶行获得最善的结果。而且，他对于鹄的的瞄准也将不是自我选择，而是相当于说，人必定生来就带着一只能够做正确判断并且选择真正的善的眼睛，而他自己就天生是一个被毫无差池地赋予了这种眼睛的人。在他们看来，这是最为伟大且最为高贵的东西，也是我们既不能后天获得也不能从别人那里习得的东西，但是，我们必定拥有它，而且跟我们出生时所被赋予的那样完好如初。我们必被完好而高贵地赋予这一东西，这就是我们完全而真正的自然天赋。

因为，一个目的如何被看待，如何被决定，对于良善之人和邪恶之人来说，都是以相同的方式进行的，要么是凭着自然，要么是凭着别的什么东西。并且，无论好人坏人，在实施他们所有的其它行动的时候，无论是哪类行动，也都是对照着他们的目的进行的。

因此，要么是，每个人对于其目的的看法（无论那个目的可能是什么）并非全是由自然给定的，而是也部分地取决于那个人自己（的品性）；要么是，那个目的虽然的确是自然给定的，然而，德性也仍然是一件自愿的事情，既然良善之人在追求那个目的的时候，对其所有手段的使用也仍然是自愿的。无论是哪种情况，恶习都与德性一样是分毫不差的自愿的事情。因为，就算在选择目的的时候，邪恶之人不是自主的，在他行动的时候，他也（和良善之人）一样是自主的。

如此说来，如果诸德性如同他们所断言的那样是自愿的（因为，我们自身不知怎的就是我们品性之状态的部分原因，而且，由于我们是这类人，我们也便如此这般地来设立我们行动的目的），则诸恶习也将是自愿的，因为同样的理据也适用于恶行。

对于总体上来说的德性，我们已经概述了它们的属类，也即它们是中道，它们也是（人之品性的）状态，它们因自身的本性而倾向于去实施那些令它们自身得以产生出来的行为，它们是在我们能力范围内的且自愿的，并且，它们也是按照理性的正确指示来行事的。

然而，行动与状态（品性）虽都是自愿的，其方式却并不相同。因为，就我们的行动而言，只要我们知道与之相关的特殊事实，我们就自始至终都是它们的主人。但是，就我们的状态来说，尽管我们在一开始的时候的确能对之有所控制，但其渐进的过程却并非是明显的，正如疾病的发展一样。当然，到底是以这种方式还是不以这种方式来行事，这却终究是我们能力范围内的事情，因此之故，状态无论如何也还是自愿的。

III

德性生活之实践：道德德性

如何面对危困？——勇敢

勇敢是处在畏惧与自负之间的一种中道，这一点我们在上面已经说得很明白了。显然，我们所畏惧的事情总是些可怕的事情，而这些事情在绝对的意义上讲就是些恶，出于这一理由，人们甚至将"畏惧"界定为"对恶的预期"。

我们畏惧所有的恶，比如，耻辱、贫穷、疾病、孤独无朋、死亡等，但勇敢的人似乎不是与所有的这些事情都相关的。因为，对某些事感到畏惧甚至还可算作正当且高贵的，而不畏惧它们则是低劣的。比如，对耻辱就是这样，畏惧耻辱的人是良善而谦恭的，不畏惧的人则是无耻的，不过，有些人也会在一种转喻的意义上将这种人称为"勇敢的"，因为这种人身上的某种东西与勇敢的人所拥有的东西有些类似，勇敢的人也是一个无畏的人。

贫穷与疾病似乎不当为我们所畏惧，通常说来，那些并非起自恶习或归结为一个人自身的过错的事情也不当为我们所畏惧。然而，一个人即便对这些事情无畏，也不一定就是勇敢的。这时，我们若将"勇敢的"这个词运用于此人，也是出于一种相似性。因为，一个面对战争中的危险而怯懦不前的人，在面对金钱的损失时，也可能会是大方且自负的。如果一个人畏惧对他妻儿的凌辱、妒忌或者其他什么事情，那他也未必是个懦夫；当然，当他要承受鞭刑的时候还傲睨自若，也不能说明他是个勇士。

那么，勇敢的人到底是与哪类可怖的事情相关的呢？

无疑，勇敢的人是与最为可怖的事相关的，因为，在面临极坏的事情的时候，几乎无人比勇者更能昂首以对。而死亡就是所有事情之中最为可怖的，因为，死亡就是终结，对于一个死人来说，任何事情都不再有所谓好坏。

但是，一个人是否勇敢，似乎也并非关涉到所有情境中的死亡（比如，海难或重疾导致的死亡）。那么，何种情境中的死亡才与勇敢有关呢？

无疑，在最为高贵的情境中的死亡才与勇敢有关。这类死亡也即战斗中的死亡，因为这类死亡发生在最为巨大且最为光荣的险境之中。这也是为何无论是在城邦之中，还是在君王的朝廷之上，都有人会因此而被授予荣耀。因而，只有当一个人在面临一种高贵的死亡，并面临所有干系到死亡的危急关头都还能无所畏惧时，他才能真正被称为勇敢的。

而且，这种勇敢的人在海难（以及重疾的）情境中也会是无畏的，只是其方式与水手们无畏的方式不尽相同罢了。

因为，他的无畏体现在于求生无望时还能蔑视这种形式的死亡，然而，水手们的无畏却在于，因为他们丰富的航海经验，他们于求生蛮有希望。

这样，我们也表明了勇敢是如何在不同处境中展现的，在这些处境中，要么存在展现高超技艺的机会，要么死亡是高贵的。然而，在上述那些形式的死亡（*海难或生病的情形中的死亡*）中，这些条件一个都没有满足。

可怕的事情并非对所有人来说都是相同的。然而，我们说，有一些可怕的事情甚至是人所能忍耐之极限的，这些事情对每一个人，至少对每一个有感的人来说都是可怕的。而那些并没有超出人力的可怕之事在等级与程度上都是各不相同的（*与那些激发了人之自负的事情类似*）。

勇敢的人所表现出的无所畏惧，似能达到人所能达到的极致。因此他若连那并未超出人力的事情都感到畏惧，那也是因为他应当畏惧，并且他的理性也要他去畏惧。在为了高贵之事的时候，他也会坦然面对它们，因为那一高贵之事正是德性之目的。

但是，对于这些事情，他也有可能畏惧得多一些或者少一些，甚至有可能把并不可怕的事情误作可怕的事情来畏惧。人在这些事上犯下的过错，一者在于畏惧不应该畏惧的东西，另一者在于以我们不应该有的样子畏惧，再一者则在于不该畏惧的时候畏惧,如此等等。论到激发了人的自负的那些事情,情况也是如此。

这么说来,一个人若能基于正确的理由、以正确的方式、在正确的时机来面对并畏惧那该畏惧的事情,或者以同样的方式对该为之感到自负的事情而感到自负,那他就仍算作勇敢的人。因为,勇敢的人总是因应其所处的场合,以理性所指示的方式来感受和行事。

然而,每一种活动的目的都是与相应的状态一致的。这不仅符合其他人的情况,也符合勇敢的人的情况。然而,勇敢又是高贵的,这就说明其目的也是高贵的,每一件事情的性质都由其目的来界定。是故,当勇敢的人在勇气的指引下坚持并且实施某事的时候,就是为着一个高贵的目的。

那些不得不过度作为的人,乃是过于无畏了。这样的人没有名称(我们先前就说了,许多状态都是没有名称的)。然而,他若对无论什么事情,不管是地震还是翻天大浪都不畏惧,就像人们传说的凯尔特人那样,则他就要么是个疯子,要么是个麻木无情的人。

对于实为可怖的事情过度自负的人则是鲁莽孟浪的。而孟浪之徒,也常被认为是个自吹自擂的人,并且只是一个假装勇敢的人。正如勇敢的人总是与可怖的事情相关一样,在所有的事件当中,孟浪之徒都希望能显露一下身手,只要是机会来了，他都会效鼙勇敢的人。因此他们中的大多数也都是孟浪与怯懦的混合体，因为，他们只敢在这样的场合中表现得睥睨自若，面对真正可怖的事情，他们就变得股战而栗了。

过度恐惧的人则是个懦夫，因为他不仅畏惧不应该畏惧的事情，也以他不应该有的样子畏惧，并且带有所有的类似特征。他也是不够自负的，但他更为惹人注意的表现，乃是在痛苦的处境中过度畏惧。懦夫实在是凡事都感到绝望的一类人，因为他们什么都怕。相反，勇敢的人有着与之相对立的倾向，因为，大胆乃是一种凡事皆抱有希望的倾向所具有的印记。

这么说来，懦夫、孟浪之徒和勇者都与同样的对象相关，但是，他们对这些对象却抱有不同的倾向。前二者都有超过与不足的情况，只有第三者也即勇者才持有中道，而这才是正确的立场。孟浪之徒行事轻率，总是在事先摩拳擦掌，总希望来点儿什么危险，然而当真的身处险境时却又畏缩不前；然而，勇敢的人则热衷于行动的当下，事先却不动声色。

如我们所说，勇敢就是当人在我们上面所说的情境之中处置那些激发了自负或畏惧的事情时所表现出的中道。它之所以选择或坚持一些事情，乃在于这么做是高贵的，或者在于不这么做就是卑劣的。

但是，一死了之，或在面对贫穷、爱或任何令人痛苦之事时掩面躲避,这却并非勇者的标记,而是一个懦夫的标记。因为,若只是为了从那些令人烦忧之事中解脱,这不过是软弱罢了。这样的人哪怕去承受死亡,也不是为了高贵的目的,而只是为了摆脱磨难而已。

勇敢就是我们方才说的这类事情,但是,这一名目也会被常人运用到五类其他的事情上。

首先是政治上的勇敢,它与真正的勇敢最为近似。城邦中的战士直面危险,似乎不仅是因为若不这么做,他们就会受到法律的惩罚与民众的谴责,也是因为,若他们这么做了,就会赢得荣耀。因此这些人似乎是最为勇敢的,在这些人之中,懦夫必得骂名,而勇者必得令誉。

这也就是荷马所描述的那种勇敢,比如,这在迪奥梅德和赫克托尔身上都有体现:

(赫克托尔说)起先,波利达马斯就会对我大加挞伐;

而迪奥梅德也说:

赫克托尔有一天也会跳将出来,对特洛伊人夸口说:

泰德乌斯的儿子很害怕,就从我面前逃之夭夭了。

这种勇敢与我们之前所描述过的勇敢是最为近似的,因为它也要归因于德性。因为,这种勇敢正是出于羞耻之心,出于对一个高贵对象(比如荣誉)的渴求以及对丢脸之事(这是卑劣的)的躲避。即便是那些因受他们的统治者驱使而这么做的人也可能会算作这类勇敢的人，只不过他们要更次一些，因为他们的行为不是出于羞耻心，而是出于畏惧，不是出于躲避不光彩之事，而是出于躲避痛苦之事，鉴于他们的主人对他们施以了强迫，正如赫克托尔对他的士兵所做的一样：

> 但是，我会紧盯着每个在战斗中开溜的家伙，
>
> 这样的人，怕是连恶狗都躲不过去。

那些为他们分配战位，在他们退缩时就会责罚他们的人做着与赫克托尔同样的事情，那些为了令他们坚守战斗而在他们后面挖壕沟或者设置其他什么障碍的人也做着同样的事情。所有的这些例子都运用了强迫。但是，一个人之是勇敢的，本不应该是因为受到了强迫，而应该是因为这么做是高贵的。

……

再其次，激情有时候也会被人们算作勇敢。那些出于激情而行事的人，有时就像狂冲向伤害了它们的对象的野兽一般，这时的他们常被认为是"勇敢的"，因为勇敢的人也是有激情的人，而激情，首先就在于渴望冲向危险。也正因此荷马会说"将力量注入他的激情""唤起他们的精神与激情""他的鼻子呼出的全是苦涩的精气"以及"他的血液沸腾了"等，所有的这些表达似乎都表明了一个人激情的翻腾与冲动。

然而，勇敢的人为了高贵的目的而行事，激情只不过是

来协助他们的。而且，野兽也完全是受了痛苦的影响才如此行事的，因为，它们之所以发起进攻，是因为它们已经受到了伤害，或者是因为它们害怕，君不见，就算在丛林之中，它们也会离人远远的。因此既然它们是由痛苦和激情来驱使的，则它们就不是真正勇敢的。它们在冲向危险的时候，对于极端的危险并没有任何的预见，然而，如果这种不计代价也是勇敢的话，那便连蠢驴也算得上勇敢的了，在驴子饿了的时候，无论你怎么鞭打，它们也不会离开那点儿草料。同样，淫欲也会驱使奸夫淫妇做下许多胆大包天的事。（因而，那些因受痛苦或激情的驱使而冲向危险的造物并不是真正勇敢的。）因激情而造成的那种"勇敢"似乎是非常自然的事情，如果再加上选择行为以及一个合适的目的的话，那便确乎是勇敢了。

除了野兽外，人也会在愤怒的时候蒙受痛苦，在大仇得报的时候感到欢欣。然而，那些为了这些理由而战斗的人却并非是勇敢的，而只是好斗的。因为，他们的行为，既非为了高尚之事，也非在理性的指导下来施行的，而只是出于情绪。无论如何，他们身上展现的，只是某种与勇敢类似的东西。

再其次，那些乐观的人也不是勇敢的，因为，他们之所以能在险境之中还安之若素，不过是因为他们在过往时常征服许多仇敌。然而，他们却与勇敢的人非常相像，因为他们在面对危险时都是自负的。

但是，勇敢的人乃是出于我们前面所述的那些原因才睥睨自若的，而这些乐观派之所以信心满满，却因为他们认为自己是最为强大的且不可能会吃什么苦头。醉汉们也常常是这样，他们此时倒称得上"乐观派"。然而，当他们的冒险不成功的时候，他们就会溜之大吉。而勇敢之人的标志却在于直面那些在人看起来十分可怖而且事实上确实可怖的事情，因为，这么做是高贵的，而不这么做则是不光彩的。

正因此在突发的警情中还能无所畏惧、处变不惊，而非仅仅是在那些可预见的险情中显得安之若素，这也被认为是一个勇敢的人的标志。因为，在这种情境下，那个人的表现必定是生发自某种品性之状态而非预先准备的结果，因为，能被预见的行为也能够经由算计和理性来选择，但是，突发的行动却只能靠一个人的品性之状态。

最后，无知的人也可能看起来是勇敢的，他们与那些具有乐观气质的人距离并不远，但是仍要次一些，因为他们没有自主性，而那些乐观的人有。因此乐观的人在险境中总算能坚持一下，而那些对危险蒙昧无知的人，一旦知道了或者怀疑面前的事情是危险的时候，立刻就会转身逃跑，就像遭遇了斯巴达人却将他们误认为西西里人的阿尔戈斯人①一样。

以上，我们已经描述了勇敢的人以及那些被认为是勇敢的人所具有的特征。

尽管勇敢与自负以及恐惧都相关，然而，它与它们相关的程度是不一样的。

勇敢与那些激发了恐惧的事情更为相关，因为，一个人若在面对危险时还面不改色，还如其应当地去承受危险，那么，他就要比一个面对那些激发了自负的事情而能这么做的人更是在真正的意义上说的勇敢。

那么，正如我们已经说过的，只有在直面令人痛苦的事情的时候，人们才能被称作勇敢的。因此勇敢也牵涉到痛苦，并因此而受到应得的赞扬，因为，直面痛苦之事要比戒除宜人之事更为困难。

然而，勇敢（者）在自己的前方所设立的目的似乎也可能是宜人的，只是这种宜人性被当下的情境所掩盖了。这正如在体育竞技当中一样，比如，拳手们所瞄准的目标一定是令他们心悦的，也即桂冠和荣誉。然而，他们在实现目标之

---

① 阿尔戈斯是伯罗奔尼撒半岛上的一个希腊城邦，一度十分强盛。阿尔戈斯人和斯巴达人先后进行了四次较大规模的战斗，但只赢了一次。在彻底被斯巴达人打败之后，斯巴达人对阿尔戈斯人来说就成了"魔鬼"一般的存在。

前所承受的重击却令他们血肉横飞、痛苦不已，其整个过程的刻苦训练也不那么宜人，而且，因为这些重击和训练实在是太多了，而目的则显得微不足道，这也便使得那个目的成了看起来毫不令人心悦的了。

如果勇敢的例子与此类似，则死亡和创伤对于勇敢的人来说就将是痛苦的且违背他意志的事情。但是，他仍将会直面这些事，因为，这么做是高贵的，而不这么做是卑劣的。而且，他越是齐备地拥有这一德性，他越是幸福，他就越是会在想到死亡的时候而感到痛苦悲伤，因为，对于这样的一个人来说，生活才最是值得过的，而现在，他意识到自己正在丧失这一最为伟大的善，这无疑是痛苦的。

但他无论如何都是勇敢的，甚至还因此而更是勇敢的，因为，令他付出那一代价的，乃是他所选择的战争中的高贵行为。因此并非对于所有德性的练习都总是令人心悦的，除非这种练习已经达致了其目的。

但是，这也是很有可能的，此即最好的战士可能还不是这类人，而是那些较少勇敢但也没有什么可失去的人，因为，这样的人随时准备着面对危险，随时会为了锱铢小利而以命相搏。

如何处理我们的欲望？——节制

在勇敢之后，让我们来谈谈节制吧。这似乎是属于我们灵魂之非理性部分的德性。我们之前说过，节制是我们就快乐（*节制较少与痛苦相关，而且就算与痛苦相关，也与勇敢与痛苦相关的方式不一样*）来考虑时的一种中道，自我放纵也是在这一层面来考虑的。既然这样，那么，且让我们来确定一下它们到底是与哪一类快乐相关的。

我们可以假定，灵魂的快乐与肉体的快乐有所区别，比如，对荣誉的爱与对求知的爱（*即是如此*）。每一个对这些东西（荣誉与求知）抱有爱慕的人都喜悦于其所爱的那个东西，只是，这并非是由肉体所影响的，而是由心灵的活动所造成的。

然而，与这类快乐相关的人既不被称作"节制的"，也不被称作"自我放纵的"。而且，牵扯到其他那些非肉体性快乐的人也不被称作"节制的"或"自我放纵的"，比如，人们一般将那些喜欢听故事、讲故事，将他们的光阴都耗费在议论什么新鲜事的人称作"碎嘴的"而非"自我放纵的"。

对那些因丧失了钱财或朋友而懊丧痛苦的人也不这样来

称呼。因此节制虽必定与身体的快乐相关，但也并非与全部的身体快乐相关。比如，那些喜悦于视觉对象（*诸如颜色、形状和绘画*）的人就既不被称作节制的也不被称作自我放纵的，尽管他们对这些东西的喜悦也可能是应当的，或者存在过度与不足这样的程度区别。

听觉的对象也是如此。没有人会将那些沉迷于歌曲或者乐器演奏的人称作自我放纵的，也没有人会将那些以应有之方式来这么做的人称作节制的。

我们也不会将这些名目运用到那些喜欢气味的人身上，除非是偶然的情况。我们不会将那些喜欢苹果香、玫瑰香或者熏香气味的人称作自我放纵的，而毋宁是将那些从胭脂或者精致的菜肴所散发出的香气寻求快感的人称作自我放纵的，因为，自我放纵的人之所以欢喜于此，是因为这些事物的香气令他们想起了他们所欲的对象。有人甚至还可能会看到，有些人在他们饿了的时候也会为食物的香气而感到欢欣不已，而对这类事物感到欢欣也是自我放纵之人的标志，因为这些东西也是他的欲望的对象。

人之外的那些动物不会在这些感觉中寻求快乐，除非是附带地。因为，令猎狗欢欣跳跃的，并不是野兔的气味，而是它们的肉，只是它们的气味会告诉猎狗它们躲在哪里。狮子也不会因水牛的哞声而欢欣，令之欢欣的不过是吃掉水牛，只是，借着哞声，它感知到那头水牛就在近处，因此它不过是看起来好像很喜欢水牛的哞声罢了。同样，当狮子感到欢欣，也不会是因为它看见了"一头雄鹿或一只野山羊"，只会是因为它马上就能将之大快朵颐而已。

但无论如何，节制和自我放纵所牵涉到的快乐有一些也是为其他的动物所享有的，也正因此，陷在这些快乐中的人看起来才显得奴性十足、兽性十足。这些快乐，即触觉与味觉带来的快乐。

然而，即便就味觉而论，它所带来的那些快乐也几乎不会对一个人的节制或放纵的品性造成什么影响。因为，味觉的作用就在于辨别口味，这是品酒师和厨师的事情，但他们几乎不会从这种辨别中获得快乐。或者说，至少自我放纵的人是不会从这种辨别中获得什么快乐的，他们只会在切实的享受中获得快乐，而所有切实的享受都是通过触觉进行的，无论是享受食物、美酒还是性爱。这就是为何过去有个大肚汉会向神祈祷，希望他的喉咙能变得比飞鹤的脖子还长，以便他能够从食物与喉咙的接触中获得更多的快感。这暗示，他是从触觉中来获取快乐的。

由此看来，自我放纵所关涉的这一感觉，也就是被最为广泛地共有的那种感觉，也即触觉。而且，自我放纵似乎是应该受谴责的事情，因为，当我们沾染到它的时候，不是作为人，而是作为动物。这么说来，在这类事情中寻求欢乐，并且贪爱它们甚于爱所有其他的事物，这无疑是非人的行径。当然，最为美妙的那种触觉之快乐，比如，体育馆中的按摩和热疗所带来的触觉之快乐，还是要被排除在外的。因为，自我放纵之人所寻求的触觉的快乐，只会影响身体的特定部分，并不会（像按摩和热疗那样）影响到整个的身体。

我们有一些欲望似乎是共同的，另外一些则是因人而异的，并且是后天获得的。比如，对于食物的欲望就是自然的，无论是谁，只要缺乏食物，就会渴求食物或饮品（有时候还会同时渴求二者）；同样，对"床笫之欢"的渴求（正如荷马所说）也是自然的，只要他还年轻且还拥有强烈的欲望。

当然，这并不是说任何人都会为了这些事情中的某一件而渴求，也不是说任何人都会渴求相同的这些事情。这也使得，这些渴求看起来像是系于我们自身（而非系于自然）的。

然而，它们无疑也是带着自然成分的。诚然，令不同类型的人感到欢欣的事情常常是不同的，但是，的确有些事情，对于每个人来说，都是比任何其他什么对象更值得欢喜的。

现在，就自然欲望而论，它们几乎不会犯错，除了在一个方向上，也即因为过度而犯错。

因为，倘若一个人只要是有吃的或喝的，那便来者不拒，胡吃海喝以至于撑着，这便超过了自然的量，然而，自然欲望本只在于对我们的缺乏进行补足。故此,这样的人常被人们称为"净坛使者"。这一诨名暗示,他们在填补肚腹之欲的时候总是超出了应有之量。只有完全为物所拘役的人才会变成这种样子。

但是,论到为个体所专有的那些快乐,为追求快乐而犯错的方式却是多种多样的。

那些喜欢这类快乐的人犯错的方式,要么是从错误的事情中寻求欢乐,要么是比大多数人在这些事上更沉迷,要么是以错误的方式来寻求欢乐。而自我放纵的人在所有这三种方式上都是过度的。他们不仅从某些他们不应该从中寻求欢乐的事物中寻求欢乐(比如在一些可憎的事情上),而且,就算他们理应对于他们从中寻求欢乐的那些事情感到欢乐,他们的寻求也过度了,不仅超出了他们自己应该戒慎的程度,也超出了大多数人在这么做时所处的程度。

这么说来,很清楚,在快乐上的过度就是自我放纵且应受责备的。而就痛苦方面而言,正如在勇敢的情形中我们看到的,一个人不会因为能直面痛苦而被称作节制的,也不会因为不能承受痛苦而被称作自我放纵的。但是,如若一个人在这方面被称作自我放纵的,那也是因为他为不能获得那些宜人之事而感到的痛苦(即便他的痛苦是由快乐本身造成的)超出了他应该持有的限度;如若他在这方面被称作节制的,那又是由于他并没有因为缺乏那些宜人之事，因为禁绝于它们的状态而感到痛苦。

自我放纵的人渴求所有那些宜人之事，或者渴求那些最令人赏心之事，并且由他的欲望所支使，不计代价地去选择它们。因此他既会因为未能得到它们而痛苦，也会因为对它们的无比渴求而痛苦（*因为欲望总牵涉到痛苦*）。然而，为了快乐而痛苦，这似乎是件荒谬的事情。

我们很难找到有什么人会缺乏快乐，也很难找到有什么人会满足于只享受比他当享的快乐更少的快乐。若真如这般麻木无情，那也不叫人了！即便是其他的那些动物，也会分辨不同的食物，享受其中一些，厌弃另外一些。

如果有人发现没有什么事情是令他快乐的，而且对一切事情的观感都没什么不同，则他必定不像个人。这种个体还没有得到一个名称，因为这样的人实在是太罕有了！

节制的人对这些目标持有一种中间的立场。他既不欢享于自我放纵之人所欢享的那些事情（*而是毋宁憎恶它们*），也不欢享于通常来说他不应该欢享的那些事情，也不以任何过度的方式欢享于任何的这类事情。

当缺乏这些东西的时候，他也不会为之感到痛苦或者烦扰，就算他渴求它们，他也仅仅是在一个适中的程度上渴求，并不会超过他应至之程度，也不会在他不应该渴求的时候渴求，如此等等。

然而，对于那些有利于健康或者好的身体条件的宜人之事，他将在应该渴求的时候渴求，而且会适度地去渴求。对于另外一些宜人之事，只要它们并不妨害这些目的（身体健康或者好的身体条件），也不与高贵之事相反或者超出他的中道，那他也会这样来渴求。因为，如果他忽略了这些条件，那么他对这些快乐的渴慕反而会超出它们所值得渴慕的程度。然而，节制的人绝非这种人，而是那种由正确的理性来指示的人。

相较于怯懦，自我放纵更似一种自愿的状态。因为，自我放纵是由快乐来推动，怯懦则是由痛苦来推动才被现实化的。对于快乐，人们常常选择；对于痛苦，人们则不是选择而是躲避。而且，痛苦总是令感受到它的人心烦意乱并摧毁其本性，而快乐则不会有这样的后果。因此自我放纵是更为自愿的。

也正因此，自我放纵也是一件比怯懦更值得谴责的事情，因为，要训练我们自己去抵制快乐，这本是一件更为容易的事情，在我们的生命中，我们本有许多机会可以去这么做，而且，在这方面进行习惯养成的方法也不带有任何的危险。

然而，论到怯懦所涉及的可怖的对象，情况则是相反的。怯懦似乎也是自愿的，但是在一些个别场合表现出的怯懦在自愿的程度上又甚为不同。因为，怯懦本身是没有什么痛苦可言的，但是，在一些特殊场合的怯懦却会令我们痛苦心惊，甚至会让我们抛却武器，或者做其他什么事情来让我们蒙羞。故而，特殊场合中的怯懦常被视为强迫性的（而非自愿的），以至于也会放下我们的武器并做其他一些令我们自己蒙羞之事。由此，我们此时的这些行为甚至会被认为是出于强迫的。

但是，对于自我放纵之人来说，这个秩序则是相反的。他们的一些特殊行为是自愿的（因为他是带着渴望和欲求来实施它们的），其整体的状态却极少是这样，因为没有人渴望自我放纵本身。

自我放纵这一名目有时也用来称呼一些幼稚的过错，比如儿童的娇纵，因为这二者之间有一定的相似之处。它们二者到底谁跟着谁来命名，虽然对于我们目前的讨论并无影响，但我们还是要说，毫无疑问，后者是从前者来命名的。

这一名称的移用看起来并不赖。因为，凡欲求低级的事情且作恶越来越轻易的人理当受到约束，而这些特征也全都是欲望所具有的。而且，这些特征也全是孩童所具有的，既然事实上，小孩子总是听从欲好的调遣，随时予取予求，而且，小孩子对于快乐之事的欲望也是最为强烈的。

如此说来，若对这种情况不加驯服并令其臣服于那个统治原则（理性）的话，它就会变得一发不可收拾。因为，一个非理性的存在者对于快乐的欲求不仅是没法得到满足的，也是不择手段的，而且，其对于欲望的不断实践还会逐渐扩张欲望的内在力量，等到这些欲望变得强大且狂暴的时候，它们甚至会排除推理的能力。

因此它们应该是适中且少量的，并且无论如何都不应该与理性作对——我们所谓的一种驯服且受约束的状态——正如小孩子应该按照他的导师的指引来生活，我们身体内的欲望也应该按照理性来活动。

因此在一个节制的人身上，其欲望与理性应该是和谐一致的，因为，此时，这二者所瞄准的东西都以高贵为标志。也因此节制的人渴求他应该渴求的，以他应该有的方式去渴求，当他应该去渴求的时候才渴求，并且，他的渴求还是由理性所指导的。

如何对待钱财？——大方与大气

让我们接下来谈谈大方吧。它似乎是就钱财来说的中道。

因为，一个人被赞誉为大方的，不是因为什么军事事务，不是因为令节制的人之所以受到赞扬的那些事情，也不是因为法律方面的判决，而是因为在给予与获取钱财方面的行为，尤其是与给予钱财方面的行为。在此，我们所谓的"钱财"，指的乃是其价值可以用金钱来衡量的一切东西。

进一步而言，挥霍无度与吝啬则分别是就钱财而论的过度与不足。

我们总是把吝啬之名归到那些对于钱财的关心甚于他们应有之程度的人。但是，我们有时候会在一种复杂的意义上来使用"挥霍无度"这个词，比如，我们也用之来称呼那些毫无自制力的人以及因自我放纵而花钱的人。正因此他们也被认为是最为"贫乏"的家伙，他们的这些行径包含不止一种恶。因而，将这一名称运用于他们的时候，我们并不是在这个词的专门用法上使用的。因为，单就"挥霍无度的"本身来讲，它指的是一个人浪费他的资财，这只是一种坏的品质。

一个挥霍无度的人就是一个以自身的过错来逐渐摧毁自身的人,而人们也常认为,对财物的浪费就是一种自我毁灭的方式,既然一个人要维持生计,总得要占有点儿财物。这么说来,我们所使用的"挥霍无度"这个词就是在这个意义上讲的。

然而,有用的东西可以被很好地运用,也可以被糟糕地运用。财富就是一件有用的东西,而每一样东西,只有当运用它的人拥有相关的德性的时候,它才能得到最好的运用。因此也只有当使用财富的人拥有与财富相关的德性的时候,财富才能得到最好的运用。而这样的人,就是我们这里要讨论的大方的人。

花费与赠予似乎就是对钱财的使用,而获取与储存则不如说是对钱财的占有。因此将钱财施与正确之人,这要比取财有道、不取不义之财更是大方之人的标志。因为,行善要比接受善更具德性的特征,而行高贵之事也要比不做卑劣之事更具德性的特征。

不难看出,施与暗示了行善和行高贵之事,而获取则暗示着接受善,或者暗示着不做卑劣之事。而且,人们所感激的对象常是那施与的人,而非那不取的人,而论到赞扬,也是那施与的人得到的更多。再说了,不取也要比施与更容易做到,因为相比于不取他人之财,人们更不愿意出让自己所拥有的东西。

也因此好施者会被称为大方的，而那些不取的人之受到赞扬，也不是因为大方，而不如说是因为行得正义。至于那些只敛取的人，则几乎没什么可赞扬的。而且，在所有的有德性的人当中，大方的人差不多也是最为人所喜爱的，因为他们的乐善好施，他们对人来说也是有用的。

有德性的行为本身是高贵的，而且是为了高贵的目的而施行的。因此大方的人，同其他有德性的人一样，也会为了高贵之事而正确地来施与。

他的施与将针对正确的人，以正确的量，在正确的时间给出，并且带有所有其他那些和正确施与相附随的性质。而且，在他这么做的时候，也是带着快乐或者是毫无痛苦的，因为，有德性的行动总是充满快乐的，或者是毫无痛苦的，如果有痛苦的话，那也是极少的。

然而，如果他施与给了错误的对象，或者并非为了高贵的目的，而是为了其他什么原因而施与的，则他就不能称作大方的，而是只能以别的名目来称呼。

如果他在施与的时候很是扭捏为难，则他也不算一个大方的人，因为这说明他偏爱钱财更甚于爱高贵的行为，这无疑不是一个大方的人所具有的特征。

大方的人也不会从错误的源泉获取钱财，因为，这种敛取不是一个在钱财方面无所执着的人所具有的特征。他也不会是一个轻易的索求者，因为轻易收受也并非一个能慷慨施与的人所具有的特征。

当然，他也会从正当的源泉获取钱财，比如，从他自己的所有物中，不过，他不是将那些钱财当作某种高贵的东西，而是当作一种必须的东西来获取，只有这样他才能有东西可以施与别人。他也不会忽略他自己的财产，既然他希望能借此来帮助别人。而且，他也不会向任意什么人，向每一个人施与，而是向正确的人，在正确的时机，并且在这么做是高尚的时候才施与。

一个大方的人也特别容易在施与方面过度，以至于为自己留下的很少。因为，总是不顾自己，这乃是一个大方的人的天性。

"大方"这个词总是相对于一个人的资财来说的，因为大方不在于所与之物在量上的多寡，而是在于施与者的品性之状态，而这一点是相对于施与者的资财来说的。因而，一个人哪怕施与较少，他也可能成为一个更大方的人，如果他本来可供施与的东西就不多。

那些自己并不赚钱，只是继承财富的人往往也被认为是更为大方的。因为，首先，他几乎没有体验过对钱财的需求；其次，所有的人都会对他们自己所产出的东西更为珍惜，就像父母对自己的孩子，诗人对自己的作品那样。

大方的人要想很富有，这实非易事，既然他对钱财既不爱取，也不爱存，只喜欢施与，他也不会认为钱财本身有什么价值，只是将它们作为施与的手段而已。

而这也给财富带来了一种非议，此即最配得上钱财的那些人往往得到的最少。但是，这种状况并非是不可理解的，因为，财富与其他任何东西一样，如果他不努力去拥有，他就不可能拥有。

然而，他也不会将钱财施与不应得的人或者在错误的时机来施与，如此等等。因为，这样他就不再是依照大方的美德来行事了，如果他在那些错误的对象上耗费钱财的话，他也就没有什么钱财可以花费在那些正确的对象上了。

因为，如我们之前所说，他之所以是大方的，乃是因为他按照自己资财的具体情况来花费，并且花费在正确的对象上。如果他做得过度了，那么他就是在挥霍浪费。因而，我们并不将那些暴君称为"挥霍无度的"，因为，一般说来，他们也不会轻易超出他们所拥有之财物的量度而大肆施与和花费。

这么说来，大方乃是就施与和获取钱财来说的一种中道。大方的人既以正确的量，也针对正确的对象来施与并花费，无论是在小事情上还是在重大的事情上皆是如此。而且，他们这么做的时候还是充满快乐的。

此外,他也会从正确的源泉获取正确数量的财钱。因为,这一德性是就施与和获取这两方面来讲的中道,是故,在两方面,他都将做他理应做的事情。既然这种获取总伴随着合适的施与,而不属此类的获取则与之相反,相应地,相互伴随的施与和获取是一同呈现在同一个人之中的,而相反类别的施与和获取则明显不是这样。

但是,如果他耗费钱财的方式碰巧与正确而高尚的方式相反,他就会为之而痛苦,但他对痛苦的感受也将是适中的,而且是如其所应当的。因为,无论是高兴还是痛苦,若都是针对正确的对象,以正确的方式来感受的,则这也算德性的标志。

进一步说来,大方的人在处理与金钱有关的事务时总是很随意,他甚至愿意蒙受因为对金钱不在意而带来的损失,并且,若他没有花费他觉得自己应当花费的钱财的话,那么,他为之气恼的程度怕是要比花费了不应当花费的情况所带来的痛苦更甚。这与西蒙尼德[①]所说的大不相同。

挥霍无度之人便是在这些方面犯下错误。无论是高兴还

[①] 西蒙尼德,古希腊抒情诗人和警句作家。他的诗歌许多都与希波战争有关,最为著名的作品,大概是为温泉关之役殉国的斯巴达将士所写的墓志铭。

是痛苦，他都没有针对正确的事情，而且，他所采取的方式也都是不正确的。若我们继续说下去，这一点将更为清楚。

我们已经说过，挥霍与吝啬分别是在钱财之予、取这两件事情上的过度和不足，因为我们将花费包括在给予这一名目下了。由此说来，挥霍就是在给予方面过度而在获取方面不足，而吝啬则是在给予方面不足，在获取方面过度，但也仅仅是在一些小事情上。

挥霍所具有的两个特征并不总是一起出现在同一个人身上。因为，一个人若对所有人都大手大脚，而自己又分文不取，这也实非易事。因为，这样只出不进，他很快就会耗尽资财。挥霍之名也正是运用到这种人的头上的。

这种人似乎比吝啬的人要好不少，因为，他的这种"病症"很容易被年岁和贫穷所治愈，然后他就有可能行进至中间状态。因为，他至少是拥有大方的人所具有的一些特征的，既然这两种人都属于喜好给予而不在乎获取，只不过，挥霍之人在这两方面做得既不适度，方式也不正确。因此当他因为形成了习惯或者因为人生境遇的改变而这么来做时，他就会变成大方的，因为，在那时，他就会向正确的人施与，并且不从错误的源泉来获取。这也是人们会认为这种人拥有的这种品性并不那么糟糕的原因。

过度给予而丝毫无取，这并非一个道德上邪恶或卑劣的人的标志，而只是一个蠢人的标志。以这种方式挥霍钱财的人之所以被认为要比吝啬的人更好，除了前述的理由，也是因为，他给了许多人好处，而吝啬鬼不会给任何人好处，甚至为他自己都不会花半个子儿！

但是，正如我们所说的，最为挥霍无度的人，也会从错误的源泉攫取钱财，在这一意义而言，他又是吝啬的。

他们之所以变得倾向于索取，乃是因为，他们想继续花费但又不可能轻而易举地做到，因为他们拥有的资财总是很快就出现亏空。这样一来，他们就不得不从其他的一些源泉来获取挥霍之资。同时，因为他们毫不在意荣誉，他们也会毫无顾忌地敛取，是钱就捞。他们对于给出钱财有种偏好，而且不在乎怎样花钱或者从哪里赚钱来花。

因此他们的给予也不是大方的，因为这种给予并不高尚，其瞄准的鹄的绝非什么高贵之事，而且，其实施与也绝非是按照正确的方式来进行的。

有时候，他们会令那些本该受穷的人变得富有，但对于那些有着令人尊重的品格的人，他们又一毛不拔，而对于那些奉承他们或者为他们提供了其他快乐的人，则恨不得倾囊相授。

因而，他们之中的大多数又都是自我放纵的人。因为，他们会在他们所纵情沉溺的事情上大手大脚，浪费钱财，并且总是倾心于种种快乐,既然他们并不朝向那些高贵之事而生活。

因而,若没有受到教导的话,挥霍的人就会变成我们刚刚所描述的那种人,但是,若他能被细心看管的话,则他就会达到适中而正确的状态。但是,吝啬不仅是无可救药的(因为人们一般认为,苍老和各种能力的衰退只会让人变得更小气),而且,相较于挥霍,它更为人们所固有,既然大多数人都更喜欢赚钱而非花钱。在很多方面,它都有广泛的延伸,并且有多种形式,因为现实中似乎就存在着许多类别的吝啬。

吝啬主要在于两件事情,此即给予方面的不足和获取方面的过度。这二者并不总是同时表现在所有的吝啬之徒身上,有时候,它们也是分开的。比如,有些人在获取方面走向了过度,而另外一些则是在给予方面显出了不足。

那些被称为"抠门的""守财的"或"小气的"人,皆是在给予方面不足。但是,他们并不觊觎他人的财产,也不希望得到他人的财产。

有些人这么做,是出于某种体面感以及对不光彩之事的回避,因为,的确有那么一些人,他们之所以把钱袋子捂得紧紧的,看起来(或者是自己声称)就是为了不至于有朝一日要窘迫到去做些不体面的事情。把一分钱掰成两半来花的人就属于此类,他之所以被这样称呼,就是因为他在给予任何东西时都过分地不情愿。对另外一些人而言,他们之所以不沾染他人的财物,却是出于害怕,因为,他若轻易夺取了别人的财物,则免不了别人也来夺取他的。因而,这些人满足于既不获取也不给予。

还有一些吝啬的人在获取方面是过度的,因为他们无所不取,无处不取。比如,那些从事肮脏交易的、皮条客之类的人,还有那些借点小钱却要收很高利率的放高利贷者。

所有的这些人,不仅攫取的东西超过了他们之所应得,而且其获取的源泉也是错误的。很明显,他们的共同点就在于,对于获取,他们全都抱有一种污秽的爱。为了一点钱,他们毋宁背负恶名,而从这恶名,他们又几乎得不到什么。

至于那些从错误的源泉获得巨大收益的人,他们的收益难称正当。比如,那些暴君,当他们洗劫一个又一个城邦,捣毁一座又一座神庙的时候,我们就不称他们为吝啬的,而毋宁称他们为邪恶的、不虔敬的和不正义的。但是,赌棍与剪径夺财的强盗(以及马贼)却属于吝啬①一类的人,他们对于获取有一种污秽的爱。

正是为了获取,这两类人才使用他们的手段并承受其行

---

① 这里的"吝啬",实际相当于我们中文里所说的"卑鄙",为了译名的统一,我们仍译为"吝啬"。

为所带来的不光彩,其中一种为了赃物而宁肯面对极大的危险,另外一种却从他朋友那里蒙钱,而他的朋友本来是他应该主动给予的对象。这么说来,既然他们都有意于从错误的源泉获取钱财,则他们就都是对获取钱财抱有污秽之爱的人。也正因此所有这类形式的获取都是吝啬的。

很自然,吝啬与大方是直接相反的。它不仅是一种比挥霍更坏的恶,而且,如我们上面描述的,相比较于挥霍,人们也更为经常地在这方面犯错。对于大方以及与之相对立的两种恶习,我们就说这么多吧。

我们似乎也应该来讨论一下大气。这似乎也是一种与钱财相关的德性。

但是,它并不像大方一样延伸至所有与钱财相关的行动上,而仅仅是与那些牵涉到花费的事情相关;而且,就花费而言,它在规模上也超过了大方。

因为,正如其名称本身所示,大气是一种牵涉到很大规模(钱财)的合宜之花费。然而,规模总是相对的,因为,装备好一艘三桨战船的耗费与加冕一位神使的耗费是不可相提并论的。

因而,大气作为一件适宜之事,是相对于行动者、环境以及对象来说的。从事琐屑小事或者中等之事的人,就算按照其所处的具体场合来开销,那也难称大气。比如,如果这个人说"我经常接济流浪者",那他也难称大气。只有在一些重大的事情上这么做的人才称得上大气。这也就是说,大气的人是大方的,但大方的人并不一定是大气的。

这种品性状态的不足称作悭吝,其过度则称作炫富、粗俗、缺乏品味(taste)等。但它们并不是指在正确对象上所花费的(钱财)数量过度了,而是指在错误的环境里,以错误的方式进行的炫耀性的花费。我们随后再来谈这些恶习。

大气的人就像位艺术家,因为,他能洞悉什么是适宜的,并且有品味(taste)地花费大量钱财。因为,如我们在一开始所言,一种品性状态是由它的活动以及它的对象来规定的。而大气之人的花费是巨大的且适宜的。故而,他得到的结果也将是这样。如此,才会存在大笔的开销而且这大笔开销还与其结果是相宜的。这么说来,结果应该与花费等值,而花费也应该与结果等值,甚至还应超过结果。

大气的人会为了荣耀而这样来花费,因为,所有的德性都会为了荣耀而实施。进一步而言,他在这么做的时候,还将是愉悦且铺张的,因为,锱铢必较是一件悭吝的事情。

而且,他还会考虑如何能最为漂亮、最为顺畅地达成结果,而不是考虑成果能有多少,如何能最便宜地取得成果。

这么说来,大气的人也必定是大方的人,因为大方的人也会花费他所应花费的,并且在他应该花费的时候才花费。

也正是在这些事情上显现出来的——然而，我们从大气之人那里见到的伟大宽宏，就系于对这些标准的满足。大方之人固然也与这些标准相关，但大气之人哪怕是基于与大方之人同样的花费，也能带来更为宏大的成就。

占有物（possession）与成就所具有的卓越性是不可同日而语的。最有价值的占有物也就是最值得占有的东西，比如黄金，但是，最有价值的成就却是伟大而美妙的东西，因为，对于这样一件成就的沉思会激发人的仰慕之情，而大气就会激发人的仰慕。而且，一件成就若拥有这样一种卓越性，也即大气，那也是在于其重大性（magnitude）。

大气就是我们认为很荣耀的那类花费，比如，为了向神还愿而施行的供奉、建筑、牺牲祭献，以及其他任何形式的宗教崇拜行为，所具有的一种属性。并且，这也包括所有那些反映了社会公众之雄心的合宜对象。比如，当人们认为他们应该以一种辉煌的方式来装备一辆战车或三桨战船，或者来娱乐整个城邦的时候，即是如此。

但是，如我们之前所说，在所有的这些场合，我们也要考虑到行动者（agent）因素，我们也要看他是谁以及他采取的手段是什么。因为，这种花费应该与其手段是相配的，而且，除了应该与其结果相合宜，它也应该与其施为者（producer）相合宜。

因而，一个穷人不可能是大气的，既然他不具备能够合宜地来大量花费的手段。如果他试图这么做，那他无异于一个傻子，他所花费的钱财超出了我们能从他那里所期望的，也超出了合宜的限度，然而，只有正确的花费才称得上是有德性的。

这种巨大的花费仅仅对于有一些人才是可行的，他们要么从一开始就备有合适的手段（这些手段或是通过他们自身的努力获得，或是从其祖先、亲朋手里获得的），要么有着高贵的出身或名头，如此等等。因为，所有这些事情，所带给他们的都是伟大和派头。

如此说来，大气的人首先就是这类人，而大气，如我们先前所说，也首先表现在这类花费上，因为，这些事就是最为伟大且最为荣耀的。

就一些私人场合而论，最为合适的巨大花费则一般是为了一些一次性的事件（比如，婚礼之类的事情），而付出的花费，或者是为了那些能够令整个城邦或其中的达官显贵都兴致勃勃的事情而付出的花费，或者是为迎来送往一些外邦贵客而付出的花费，或者是在随礼与回礼方面的花费。因为，大气的人并不是为他自己花钱，而是在一些公共目标上花钱，而其礼物则堪比还愿谢恩的供奉。

一个大气的人也会装修他的宅邸，以令之与他的财富相配,因为,即便是一幢房子,也是对公共环境的一种点缀;同样,他也会因为偏好那些长时持存的事物而耗费甚巨,既然这些事物也是最为美妙的事物。

在这每一类事物上,他的花费都会是恰如其分的。因为,同样的一些事情,对人来讲合宜却未必对诸神来讲也合宜,对于坟墓来讲合宜但对于神庙来讲却未必合宜。

既然前述的每一种花费都可能是巨大的,那么,绝对地来讲,最为大气的事情也就是在一个伟大的对象上付出巨大的花费,然而,我们在这里所说的大气,则是在这些情境中显得伟大的事情。

当然,效果的伟大也并不意味着花费的巨大,因为,当把一个非常漂亮的皮球或者瓶子送给一个孩子当礼物的时候,他就会觉得很大气,然而其价格却很低。

因此大气的人,无论其制造的效果是哪类,其特征都在于以大气的方式(因为这样制造的效果是很难被超越的)来制造那一效果,并且令那一效果与其花费相匹。

那么,这就是我们说的大气之人。而一个在这方面走得太远的人是粗俗的,正如我们之前所说,他的过度之处在于,其开销超过了应有的量度。

这样的人会在一些碎屑的对象上也花费甚多,展现出一种毫无品味的炫耀。比如,明明是知己小聚,他却大宴宾客,搞得像场婚礼；再比如，明明只是一出喜剧，他却偏偏要将歌咏队请上舞台，还给他们披上紫色的袍子，正如麦加拉①人所做的那样。他做的所有这些事情都不是为了荣耀，而是为了炫耀他的财富，自以为他会因这些物什而受人敬仰。而且，在他应该花费甚巨的地方，他花费甚微，而在他应该少花费的时候，他又大肆铺张。

相反，悭吝的人则在每件事上都花费不足。就算在花了一大笔钱弄到一个东西后，他也会为了一件微不足道的事情而焚琴煮鹤，糟蹋那件东西的美。无论他做什么，他都犹犹豫豫，总想着怎样才可以花费最少。即便是花费很少，他也会痛心疾首，认为自己在每一件事情上的花费都吃了亏。

这些品性状态，无疑就是些恶习。然而，它们却不会带来什么不光彩，因为它们既非会对他们的邻人造成伤害的事，也非十分不得体的事。

---

① 麦加拉，古希腊的一个城邦，位于雅典通往科林斯的道路之间，其所在地区称麦加里斯。据称，麦加拉是古希腊喜剧的发源地。

如何对待荣耀?——自豪

甚至光从其名字看,自豪似乎也是与伟大的事物相关的。那么,到底是与哪类伟大的事情相关呢,这是我们首先必须尝试去回答的问题。

无论我们考虑这种品性之状态,还是考虑以它为特征的人,这都没什么分别。一个认为自己配得上伟大之事的人,若的确配得上那些事情,那他就被认为是自豪的。如果他配不上却还这么想的话,那他就是个痴人。但是,没有任何有德性的人是愚蠢的或不明事理的。那么,自豪的人就是我们所描述的那种人。

只配得到一些微末之事的人认为自己只应得到微末之事,这叫作节制而不是自豪。因为,自豪总蕴含着某种伟大性,正如美总是意味着一具伟岸挺拔的身体一样,那些小个子可能是小巧优雅且身材比例得当的,却很难称得上美。

在其反面而言,如果一个人认为他自己配得上什么伟大之事,然而实际上却不配,则他就是虚夸的,尽管并不是每一个认为自己配得上的东西理应比他实际所应得的东西更多的人都是虚夸的。

一个人若认为自己所配得到的东西应该少于他实际所应得到的东西，则他就是过度谦卑了（自卑）。这里所说的"配得上的东西"，要么是伟大或中等的，要么是较小的。如果是较小的，则他所声索的就会更小。如果一个人所配得到的东西本来很大，然而他所声索的却比较小，则他似乎就是最为自卑的。如果他真的如他自己想的那么低微的话，那他又如何会做出那些大的成就呢？

这么说来，自豪的人就是在他所声索的那种伟大性而言处于极端，然而在这些声索的适宜性方面又秉持中道的人。因为，他总是按照他的功绩来声索，而其他那些类型的人要么声索太过，要么声索不足。

如果他配得上一些伟大之事，也声索那些伟大之事，那么，在所有的伟大之事中，有一件事是与他特别相关的。配得上的事情总是与一些外在的善有关，而这些善之中最为伟大的，我们应该说，正是我们能呈献给诸神的东西。这个东西也是身居高位的那些人最孜孜以求的，也是最为高贵之行迹所应得的奖赏。这个东西，就是荣耀。

无疑，荣耀就是外在的诸善之中最为伟大之事。因而，荣耀与羞辱就是自豪的人应该以合适的方式来处理的事情。

即便不加论辩，我们也能看出，自豪的人似乎是与荣耀相关的。因为，他们主要声索的，就是荣耀。不过，他们所声索的荣耀，也与他们所配得到的是一致的。

过度谦卑的人所声索的，不管是与其自身的功绩相比，还是与自豪之人所声索的相比，都存在不足。而虚夸的人所声索的，与其自身的功绩相比过分了，但是，与自豪之人所声索的相比，却也并没有过度。

既然自豪的人理应得到最善的东西，因此他也必定是最良善的。因为，越是好人，与其相匹的东西常常就越是好的，而最好的人则与最善的东西相匹。因此那真正自豪的人必定是善的。而每一种德性之中的伟大性似乎也因此是一个自豪之人的特征。

在一个自豪之人身上，最不可能发生的事情就是一遇危险便飞似的逃走，或者去愚弄别人。因为，出于怎样的目的才会令他做这些不光彩的事呢，这些事难道不正是那些认为没什么事情是伟大的人所爱行的吗？

如果我们一点点地来审视他的话，我们将看清，认为一个自豪的人并不良善这一观点是十足荒谬的。而且，认为假使一个人即便是坏人也配得上荣耀的观点也是十足荒谬的，因为，荣耀是对德性的奖赏，而且是呈奉给良善之人的奖赏。

这么说来，自豪似乎就是所有德性的王冠，因为，它令那些德性变得更为伟大，而且也绝不会在那些德性之外被找到。因而，要想变得真正自豪，这的确是很难的，因为，离开了在身体和道德方面所有的那些美善，它就是不可能的。

如我们所言，自豪的人主要地与荣耀和羞辱有关。对于伟大的，而且由良善的人们所授予的荣耀，他会以一种适度的方式感到高兴，视之为他所应得的，甚或是少于他所应得的，因为，世间不可能有与完满的德性相匹的荣耀。然而，他无论如何都会接受这一荣耀，那些人也没有什么更为伟大的东西可以授予给他。但是，如果这一荣耀来自随便什么人，而且还是基于一些微不足道的理由而授予他的，则他将彻底地鄙夷之，这绝非是他所应得的东西。

他也会对羞辱抱有彻底的鄙夷，就他来说，羞辱绝无可能与他沾边。

如此说来，首先，如我们之前所说，自豪的人关涉到荣耀，然而，他也会对财富、权力、所有或好或坏的机运，以及无论什么临到他头上的事情持有一种中道。

他既不会为好的机运感到过度欢欣，也不会为坏的机运感到过度痛苦。甚至连他自己所享的荣耀，他都不会把它当作一件特别了不得的事情。

权力与财富之所以值得欲求，乃是为了荣耀，至少，那些拥有这些东西的人会希望借助于它们来获取荣耀。然而，对于他来说，既然连荣耀都是件没什么了不起的事情，则其他那些东西就更其如此了。因而，自豪的人也被很多人认为是倨傲的。

运气所带来的诸种善也被认为是对自豪有助益的。比如，那些出身高贵的人就被认为是与荣耀相配的，而那些享有权力或财富的人也是如此。因为，他们都具有一种优越的地位，而每一样在某种善的事情上具有优越性的事物都被认为是更具荣耀的。因而，甚至是这些事物，也会令人们变得更为自豪，既然他们会因为拥有它们而被某些人赋以荣耀。

然而，真正来讲，只有良善的人才应被授予荣耀。无论如何，既然他同时拥有这两种优势，也即德性和好运气，则他也被人们认为是更应得荣耀的。

然而，只拥有这些善却没有德性的人，既不能正当地声索伟大之事，也没有资格被冠以"自豪"之名，既然这种声索和这一名称都暗示着完美的德性。无论如何，那些只是拥有这些善的人，不仅难称"自豪"，甚至还会变成倨傲而侮慢的人。因为，若缺乏德性，一个人将很难以一种得体的方式来保有运气所带来的那些善。而且，因为无法得体地保有它们，并且认为他们自己要比其他人优越，他们还因此会轻视别人，为所欲为。他们效颦自豪的人，然而又不真正似他，并且，只要他们有机会这么模仿，他们就会这么来模仿。因此他们并不是真的以德性来行事，然而他们瞧不起其他人，这倒是真的。自豪的人只会出于正当（理由）才鄙薄人（如果他认为那人确实叫人瞧不起），然而，庸众却是随意这么做的。

自豪的人并不会为了什么琐碎细微的事冒险，也并不喜欢什么危险，因为他能看上眼的事情实在是太少了。然而，他却会直面那些巨大的危险。当他身处危险的时候，他能不计性命，因为他深知在某些条件下，生命是不值得苟活的。

他也是那种喜欢施惠的人，然而，他却耻于从别人那里受惠。因为，前者是一个优越之人的标志，而后者则是一个低下之人的标志。而且，他也乐于以更大的利好来回报他人，这样一来，原来那个施惠于他的人便又因这一回报而变得亏欠于他，而且成了这一互易中的受惠者。

他们似乎也记得从前做过的任何侍奉，却不会记得他们从前接受过的侍奉（因为，接受侍奉的人要比施行侍奉的人低级，而自豪的人总希望自己是优越的）。而且，他还会乐于听到前者，憎恶听到后者。或许，这就是为何忒提丝①没有向宙斯提及她曾为他所做的侍奉，为何斯巴达人没有重提他们曾对雅典人所做的侍奉，而只是提及他们所接受到的侍奉。

自豪之人的另一标志，就是从不乞求，或者极少乞求什

---

① 忒提丝，古希腊神话中的海洋女神之一，英雄阿喀琉斯的母亲。在阿喀琉斯与阿伽门农王交恶后，忒提丝曾左手抱住宙斯的膝盖，右手抚摸他的下巴，祈求这位诸神之王让她的儿子重获荣耀。

么事情，却很乐意为他人提供帮助。

在身居高位、鸿运当头的人面前，他庄重堂皇，然而，在那些中等阶层的人面前，他又随和谦逊。因为，要做到比前者优越，这既是件困难的事情，也是件崇高的事情，要在后者当中做到这一点却并非难事。而且，对前者示以崇高之态也绝非一种缺乏教养的表现，倘若在卑下的人当中这么做，那才叫粗俗下流，因为那不过如同向孱弱的人炫耀肌肉。

另外，自豪的人还拥有一个特征，即他既不会以那些被常人们视为荣耀的事情为鹄的，也不会以其他那些平庸之辈所擅长的事情为鹄的。对于一般性的事务，他总是无动于衷、慢慢腾腾，除非事关伟大的荣耀或者一件伟大的工作。他就是那种所行寥寥，然而，但有所行，却都是很伟大、很引人瞩目之事的人。

他也必定是爱憎分明的，因为，掩藏自己的情感，也即不在乎真相而只在乎人们怎么想，这乃是懦夫所为。他也必定是言行磊落的。对于他所轻蔑的事情，他从不忌惮于谈论，而且，他也总是倾向于讲真话，只有在讥讽那些粗俗下流的人时，他才会言非所是。

他一定不会令他的生活围绕着别人来转，除非那人是一个朋友。因为，这种行径是奴性的。也正因此所有那些溜须拍马的人皆是奴才，也只有那些缺乏自尊的人才会溜须拍马。

他也不乐于去仰慕别人，因为没什么事情对于他来说是伟大的。他也不会在意一些过犯，因为一个自豪的人不会为什么事念念不忘，尤其是对于自己所受的过犯，他毋宁是一笑了之。

他也不会是一个聒噪碎嘴的人，因为他既不会动不动就谈论自己，也不会把别的什么人挂在嘴上，既然他既不在乎自己受表扬，也不在乎他人受责备。

他也不喜欢表扬别人，并且，基于同样的原因，他也不会随便对人恶语相向，哪怕是对他的敌人，除非是出于高傲。

在所有人之中，他最是不会为衣食住行一类的生活琐事而悔痛哀叹，也最不会在那些事上乞求帮助。因为，只有一个将这些事务看得很重的人才会在这些事务上忧戚乞怜。他是一个毋宁拥有优美且无益之物也不愿拥有有利且有用之物的人，因为这对于一个完全自足的人来说更为贴切。

进一步来说，行止雍容舒缓、声音低沉淡然、言语冲和安详，这也被认为是专属于自豪之人的。因为，几乎对什么事都不会很看重的人也不会轻易就手忙脚乱，而无论什么事在他眼中都够不上伟大的人也不会轻易就激动不已。尖利刺耳的声音、趔趄匆忙的步伐，这些都无非是忙乱与激动所造成的后果。

以上，就是我们说的自豪的人。远不及他的人乃是过度谦卑之徒，尤甚于他的人则属虚荣浮夸之辈。然而，即便是这两类人，也不会被人们认为是坏的（因为他们并不怀有恶意），而仅仅只被认为是错的。

因为，过度谦卑之人本是配得上一些良善之事的，然而他们却摒弃了本应为他们所享有的东西，转而拥抱某种于他而言是坏的东西。这只是因为，他并不认为自己配得上那些好东西，而且对他自身似乎也没有清楚的认知，否则的话，他早就会欲求那些与他相匹之事了，既然那些事情是善的。然而，这种人也不能因此被认为是傻子，他们不过是过度谦卑罢了。

无论如何，这样一种名声似乎只会令他们实际上变得更糟，因为，对每一类人来说，他所瞄准的鹄的都应与其相匹，而这样一些自卑的人，即便是面临高贵的行为或者重任的时候，也会因为认为自己不够格而对它们退避三舍，在面临诸种外在的善的时候，他们也完全是这样。

但在另一方而言，虚夸的人却是些傻子。他们根本不知道自己几斤几两，还到处显摆。他们本来不够格，却仍然要尝试那些荣耀高尚的事业，最后只能是暴露出他们的短绌。而且，他们也用华服、首饰之类的物什将自己打扮得像模像样，也生怕别人不知道他们好运当头，夸耀起自己来，就好像他们真的会因此而脸上有光一样。

然而，比较而言，与自豪更为对立的，还是过分的谦卑而非虚荣浮夸。因为，过分的谦卑不仅更为常见，（在公共事务方面）也更为糟糕。

以上，如我们所说，自豪是与荣耀相关的，且是在一个宏大的尺度上相关的。

在荣耀这一层面来讲，如同我们一开始在评论这门科学的主题时所说的，似乎还有一种德性，这种德性之于自豪的关系，就好比大方之于大气的关系。因为，这二者都无关于大的规模，然而，二者都令我们以合适的方式来处理那些中等的且不那么重要的对象。

正如在获取与施与钱财方面，存在一种中道、过度以及不足，同样，人对荣耀的渴求也可能要么超过或少于其所应当有的程度，要么是从正确的源头并且以正确的方式来进行的。

我们谴责那"野心勃勃"的人，因为他在追逐荣耀时，不仅超过了当有的程度，而且是从不当的源头来追逐的；我们也嗔怪那"缺乏抱负"的人，因为他总是不愿接受荣耀，哪怕那荣耀是他所施行的高贵之事所带来的。

但是，有时候，我们也会称赞野心勃勃的人，认为他们有男儿样，并且热爱高贵之事；同样，我们也会称赞缺乏抱负的人，认为他们是中正谦和、能自我把控的，正如我们在最开始处理这一主题时所说的那样。

很显然，既然连"喜好如此这般的一个对象"这一表达都有多种意义，我们也无须将"雄心"或者"爱荣耀"这样的字眼总是指派给同一件事物。无论如何，当我们称赞这一品质的时候，乃是因为我们认为我们所称赞的那个人要比大多数人都更为热爱荣耀，而当我们责备他的时候，乃是因为我们认为他以不应有的程度爱着荣耀。

关于荣耀的中道并没有一个名称，那两个极端的地位也因此是难有定论的，仿佛它们默认地就是悬而未决的一样。然而，只要有过度和不足的地方，就同样会有一种中间状态。而人在追求荣耀的时候，既会超过其所应当，也会少于其所应当，因此一个人如其所应当地去追求荣耀就也是可能的。

在所有这些不同情况中，这种尚未被命名的与荣耀有关的中道才是为我们所赞扬的品性之状态。相较于野心来说，它似乎是缺乏抱负；相较于缺乏抱负来说，它似乎又是雄心。然而，同时相较于这二者来说，在某个意义上，它似乎又同时是二者。

如何处理我们的愤怒？——温和

温和是与愤怒相关的一种中道。

与愤怒相关的中间状态本没有名称，而其两个极端也几乎没有什么名称。我们勉强以"温和"来称那个中间状态，尽管这一名称更偏向于指一种缺乏愤怒的状态，且这种情形也是没有名称的。过度的愤怒大概可以被称作一种"暴怒"。因为，这种激情原是愤怒，但其原因不仅很多，而且原因的种类也很多。

若一个人的愤怒所针对的事情和人都搞对了，还是以应有的方式，在应有的时机，并以应有的时长来发作的，则他就是可赞扬的。那么，这样的人也就是温和的人，既然温和是值得赞扬的。

温和的人总倾向于保持镇定，避免被激情所驾驭。他总是在理性规则的指导下以适度的方式、对正确的对象而且以适当的时长来表达愤怒。然而，在另一向度而言，也即不足来考虑，他又可被认为是错的，因为，温和的人并没有什么报复心，他毋宁是倾向于宽恕的。

这种状态的不足，无论它是所谓的"没血性"还是别的什么，都是值得责备的。

因为，那些对于他应该愤怒的事情不感愤怒的人常被认为是傻瓜，而那些未能以正确的方式、在正确的时机或者对正确的人发怒的人也是些傻瓜。因为，人们常认为，这样的一个人是既不能感受一些事情，也不会因那些事而受搅扰的。而且，既然他并不发怒，他几乎就不会去捍卫他自己。然而，他若总是忍受欺辱，对于他朋友所受的欺辱也泰然自若，这便与奴隶无异了。

在我们方才列举的所有那些要点上，有人也会表现出过度的愤怒。比如，一个人可能针对不该针对的对象发怒，或针对不该针对的事情发怒，或以不该有的方式发怒，或发怒过急，或发怒过久，如此等等。然而，在同一个人身上，我们不会找到所有的这些过度情形。实际上，它们也不可能全部呈现在同一个人身上，因为，恶行甚至会连恶行本身都摧毁掉，如果这些情形全部出现在一个人身上，那它就变成无可忍受的了。

脾气火暴的人发怒很快，常搞错对象，所针对的事情也常搞错，而且方式也常常过头，但他们的火气消得也很快——这大概是他们最大的优点了。

这种情况之所以发生在他们身上，乃是因为他们不能约束他们的愤怒，总是任由他们的急脾气展开公开报复，而后，他们的愤怒就偃旗息鼓了。

因为过度，狂躁的人总是急火攻心，随时准备在任何一种场合为了任何一件事情发火，这便是他们名称的由来。

愠怒的人则很难消气，总是将他们的怒气保持得很久，因为他们喜欢压制他们的激情。然而，当他们实施了报复，他们的怒气也便消停了，因为，复仇给他们带来了快乐，这快乐取代了先前的痛苦，他们的怒气也便得到了释放。但如果报复没有发生的话，他们就会一直扛着心灵的重担。因为他们的怒气总是不发作，以致任何人都无法跟他们讲道理，若由他们自己一个人来消化那怒气的话，又很要花些时间。这样的人最是麻烦，无论是对他们自己而言，还是对他们最亲近的朋友而言。

还有些人，常常因为不该发火的事情而发火，且以不该有的程度发火，一旦发起火来，其持续的时间更长，而且也不可能被抚慰，除非他们亲手实施了报复或惩罚，我们把这样的人称作"恶性子的"。

与温和构成对立的是愤怒的过度，而非愤怒的不足。这不仅是因为愤怒过度乃是更为常见的（既然复仇是更符合人性的），也是因为坏性子的人更难相处。

从我们现在正讨论的这些事情来看，我们在一开始讨论这一主题时所说的话便变得更清楚了。此即要界定一个人应该如何、对谁、为何事、在多长时间内发怒，这实非易事。而且，要搞清楚到底在哪个点上，正确的行为会转变为错误的行为，这也非易事。因为，一个人若仅仅是稍稍偏离了中道，或变多一点，或变少一点，这都无可指摘。有时候，我们赞扬那些展现了不足的人，称他们为温和的，有时候我们又将愤怒的人称为有男子气的，仿佛他有能力去实施统治一样。

这么说来，究竟在怎样的程度，以怎样的方式，一个人才不会偏离太多以至于应受责备呢？这实在很难用言语说清楚。因为，对于偏离程度与方式的决定，完全取决于特殊的事实和我们自己的把握。

但有一点是明白无疑的，即中间状态总是值得赞扬的，借着这种中间状态，我们便能够令我们的愤怒针对正确的对象，在正确的事情上，以正确的方式发出，如此等等。而其过度和不足的那些情况都是值得谴责的，如果它们表现出来的程度较低，则应受到轻微的责备；如果程度较高，则应受到更严厉的责备；如果程度很高，则应受到非常严厉的谴责。很明显，我们必须始终坚持中间状态。

如何正确地待人？——圆融[①]

在人们的聚会中，在社会生活中，以及在言语和行动的交互中，有些人被认为是"逢迎的"，也即为了讨人欢心，他们赞扬每一件事情，也绝不反对任何事情，把"不给碰到的人带来任何不快"作为他们的"天职"。相反，另外一些人则事事反对，至于会不会给别人带来不快，他们毫不在意，这样的人被称作"粗鲁的""喜欢拌嘴的"。

显而易见，我们刚刚命名的这些状态是当受谴责的，而它们的中间状态才是应受赞扬的，因为，借助于那一中间状态，人们就可以对正确的对象，以正确的方式来加以容受，或者加以怨憎。

---

① 亚里士多德这里指的是那种在与人相处时既不会有意讨好奉承也不会故意非难鄙薄他人，而是会根据具体情势、场合和对方的身份，以最合适的方式来对人的品性。但他并没有给这种德性赋予任何确定的名称，有英文译者将之称为"亲善和蔼"（amiability），也有中文译者将之称为"交际之德"，但这两种称呼或失之于偏狭，或失之于宽泛，都不够贴切。译者这里勉强将之称作"圆融"，是因为亚里士多德所讲的这种德性有些类似于我们传统文化当中所强调的那种"不偏不执，圆满通融"的处世智慧。

然而，我们也同样没有什么名称可以指派给它，尽管它与友谊最为相近。因为，与这种中间状态相对应的人，如果再加上些友爱的话，就正好是我们称为好朋友的人。但这一状态依旧是与友谊不同的，因为它没有蕴含任何对于同伴的激情或者爱意。

这样的人对每一样事情都以正确的方式相待，然而并非因为爱或憎，而是因为他的天性就是这种特定类型。无论是对他认识的人还是对他不认识的人，也无论是对亲密的人还是对不亲密的人，他都这样来行事。

当然，在一些特殊的场合，他也会方便行事，因为，对于亲密的人和陌生人都施以同样的关心，这原是不合适的，而且，给不同的人都造成同样的不快，那也是不对的。

我们已经说了，大体上来讲，他会以正确的方式同人们建立关系。然而，他到底是意在给人带来不快呢，还是意在令人高兴呢，这又要取决于什么是荣耀之事，什么是便利之事。

这种人似乎关切到社会生活中的快乐与痛苦。对他来说，如果令别人快乐并不是一件荣耀的事情，或者原是一件有害的事情，则他就会拒绝这么做，或者毋宁选择给别人带来痛苦。同样，如果他对于他人行为的默许会导致那个人丢脸，而且脸丢得还不轻，或者会给那个人带来伤害，则他也会拒绝这么做。然而，倘若他的反对只给人带来少许的不快，那么，他就不会默许，而是将明确排斥那个人的行为。

对于身居高位的人和普通人，他会以不同的方式来打交道，对于亲近的人和比较疏远的熟人，他也会以不同的方式来交往。在其他所有存在差别的场合中，他与人打交道的方式都是不同的，以便能将适宜的事情施与每一类人。

然而，他首要的努力，还是选择给人带来欢乐并且避免为人招致痛苦。为此，他会着眼于他的言行所带来的后果，如果这些后果是更为伟大的，也即是荣耀与便利的话。当然，为了一种巨大的未来之快乐，他有时也会给人招致一点点不快。

抵达了这样一种中道的人，也就是我们业已描述过的那种人，然而，他也没有什么名称。

就那些给别人带来快乐的人而论，如果他只是想叫他人快乐而没有任何不可告人的目标的话，他就纯粹是爱逢迎的；如果一个人这么做乃是为了令他自己可以获得某种好处，比如，获得钱财或者用钱财可以买到的东西的话，那他就是个马屁精。而喜欢在每一件事情上跟人争吵的人，如我们所言，是粗鲁的、喜欢拌嘴的。

如何正确地对人言行？——实诚

与吹嘘相对立的那种中道也能在差不多同一层面找到，且是没有名称的。对于这些状态也描述一番，这并不是个坏主意。因为，通过详尽地梳理它们，我们就可以更好地把握与人之品性相关的一些事实，而且，我们也将由此而确信，诸种德性就是一些中道，如果我们在所有的例子中都能看到这一点的话。

在社会生活的领域，那些在与他人的交往中带来快乐或痛苦的人已经被我们描述过了，现在，就让我们描述一下那些在他们的言、行以及提出的声言中都同样地来追求真或假的人吧。

吹嘘者常被认为是喜欢声张那些能够带来荣光之事，然而实际并不拥有荣光的人，或者是夸大他所拥有东西的人。但在另一端，假装谦虚者却拒绝承认或者故意贬低他所拥有的东西。

然而，那个遵守中道的人却是一个实事求是地来称呼一个东西的人，无论是在生活中还是在言语上，他都很实诚。

而且，对于他所拥有的东西，他也并不夸大或贬低，而是有什么就承认什么。他可能采取的每一个这种行为，要么是带着一个目标的，要么是不带任何目标的。

每一个人说话、行事以及生活，都是与其品性相一致的，如果他不是为了某个隐秘的目标而假装施为什么的话。而且，虚假本身是卑劣且当受谴责的，而真实则是高贵且值得赞扬的。

因此实诚的人就是持有中道之人的另一个例子，也是值得赞扬的。而两种形式的虚假的人就都是应受谴责的，尤其是那吹嘘者。

让我们讨论一下这两种人吧。首先，让我们来谈谈实诚的人。

我们在此所讲的，并不是那种同人达成协议后能够信守的人，也即在那些涉及正义或非正义的事情上如实秉持（这属于另外一种德性）的人。我们要说的这种人，乃是在一些对前述的那些事情来说无关紧要的事务上保持真实的人。

不管是在言语上还是在生活中，他们都如实对待那些事务，因为他们的品性就是如此。然而，在事实上，这样的人似乎也可算作公正的人。因为，这种人热爱真理，在没有什么紧要之事的场合，他们总是实诚的，而在有紧要之事的关头，他们将更其实诚。

他把虚假视作某种卑劣的东西，唯恐避之不及。他甚至是因为虚假自身才厌弃虚假的。这样的一个人是值得赞誉的。关于真实情况，他毋宁倾向于不把话说得太满，因为这似乎是更具品位的事，夸大其词总是令人乏味的。

一个人若在其声言中夸大他所拥有的东西，然而他这么做也没什么不可告人的目标的话，则他就是个可鄙的家伙，如若不然，他就不会以假话来取乐了。这种人与其说是坏，好像还不如说是无聊。

但是，如果他是带着一个目标这么做的，那么，当这一目标是名望或荣耀的时候，他在吹嘘者里就还算好的，不应被过分责备。然而，当他这么做是为了钱或者能给他带来钱财的事情时，他就是一个更丑陋的角色。因为，造就一个吹嘘者的，不是能力而是意图。他之所以吹嘘，乃是源于他品性的状态，而且因为他就是这样一种人。

要而言之，其中一个人之所以是个骗子，乃因他喜欢从谎话中找乐子，另外一个人之所以是骗子，则是因为他渴望名望或者利益。

那些为了名望而吹嘘的人向别人声张的，多是一些能引人赞叹或祝贺的事情，而那些以获利为目标的吹嘘者所声张的，多是在他身边的人看来有价值的东西，也多是虽为他实际上所缺乏然而这一点却不容易被其听众察觉的东西。比如，谎称他拥有预言家、圣人或者医生的诸般能力。正是因此大多数骗子都喜欢伪称并吹嘘自己拥有这类能力，好像上述的那些品质真的可以在他们当中找到一样。

假装谦虚的人们总是贬低他们所拥有的东西，他们似乎在品性上要更吸引人一些。这些人讲假话不是为了获利，而是为了避免太招摇。如同苏格拉底[①]过去喜欢做的那样，他们常刻意贬低能够为他们带来名望的那些品质。

那些否认自己拥有一些微末或平庸的品质的人则被称作"冒牌货"，他们叫人鄙夷。有时候，他们的言语看起来就是吹嘘卖弄，如同斯巴达人的服饰一样。因为，过于夸大的不足和过度一样都是吹嘘炫耀者的特征。

然而，如果那些人对自己的贬低是尺度适中的，而且他们所贬低的也是些不太会令他们自己被人注意到的事情，那他们看起来还算是能吸引人的。说起来，吹嘘者似乎是与实诚的人正好对立的，因为在这些人中，他们可谓是最糟糕的家伙。

[①] 苏格拉底，古希腊最伟大的哲学家之一。虽被认为是古希腊最有智慧的人之一，但他总是强调自己无知，认为人最大的智慧就是"自知其无知"。故此，亚里士多德对他暗含讥讽，将他与那些假装谦虚的人并举。

如何正确地与人娱乐消闲？——机智与得体

既然生活不仅包括活动，也包括休息，而休息又包括闲暇和娱乐，则它就事关一种雅致宜人的交际，也事关一个人应该说什么、听什么，以及应该怎么去说、怎样去听。当然，对什么人说，或者听什么人说，这也会造成差别。

很明显，这里也存在与中道相比的过度与不足。那些幽默过度的人常被认为是粗俗不堪的小丑，他们为了搞笑而不顾一切后果，他们的目的，就是叫人笑得越大声越好，全然不顾他们讲得是否得体，也全然不避讳给他们所取笑的那个对象带来的痛苦。而那些自己不擅长讲笑话，在听别人讲笑话时也赶不上趟的人，常被认为是呆板的、粗野的。

然而，那些能以一种雅致的方式来逗人发笑的人则被称作"机智的"。这个词暗示了一种能随时转移话头机锋的本事。因为，这些俏皮话常被视为人之品性的展现，而且，正如人的各个肢体乃是由它们的动作来区分的，人的诸种品性也是按照它们的活动来区分的。

无论如何，各种事情的滑稽可笑之处都无须远求，而大多数人在娱乐和玩笑中寻求到的欢乐也常常甚于他们所应当的程度。而且,甚至是那些小丑也会被称作"机智的",因为他们总是能吸引到人。然而,从我们前面所说的来看,他们与真正机智的人实际是有差别的,而且差别甚大。

得体也属于中间状态,一个得体的人的标志,就在于不管是说这些事情还是听这些事情,都与一个良善且有教养的人相称。

这样的人在说或者听笑话的时候,表现出了一些与他相称的特质。有教养的人讲的笑话与一个粗俗的人讲的笑话是绝然不同的,念过书的人与没念过书的人开的玩笑也是大为迥异的。我们甚至能从那些老式的喜剧和新式的喜剧中看到这种差别。对于老式喜剧的作者们来说,下流露骨的语言才是搞笑的,然而,对于新式喜剧的作者来说,影射暗讽的语言才更为搞笑。就是否有分寸来看,它们之间的差别简直不可以道里计!

那么,对于这种能够以良好的方式来逗笑别人的人,我们该如何来界定呢?也即当我们这么说的时候,到底是因为他只讲一个有教养的人该讲的话呢,是因为他不会给他的听众带来痛苦呢,还是因为他能为听众带来欢乐呢?或者,我们是不是该说,无论如何,既然对于一件事情到底是可憎的还是可喜的,不同的人会有不同的看法,则后面的那种界定本身就是无法确定的呢？而他愿意去聆听的笑话也是差不多的情况，因为，他能抓住笑点的那类笑话似乎也正是他会讲的那类笑话。当然，有一些笑话是他不愿意去讲的，因为取笑就是一种形式的恶语，而有一些事情是立法者们禁止我们去恶语的，也许，他们甚至连我们就这些事情来打趣的行为都一并禁止了。因而，精良且有教养的人，将会如我们所描述的那样，成为他自己的律法。

那么，这就是遵守中道的人，无论他是被称为"得体的"还是被称为"机智的"。

与之相反，小丑就是他所谓的幽默感的奴隶，一旦有能够引发一阵大笑的机会，他就既不会放过自己，也不会饶过别人，而他所说的话，是任何一个纯良高贵的人都不会说出口的，有些话甚至连他自己都不愿去听。

论到那些呆子，他们在这种社会交际中则毫无用处。因为，他们不仅不会对这样的交际场合有任何的增色，而且，跟他说任何事情，都如同对牛弹琴。然而，放松和娱乐本被认为是我们生活的一个必要元素。

如何正确地与他人打交道？——正义

一般认为，目无法纪之徒、贪求攫取之徒以及不公平的人都是不正义的，既如此，很明显，遵守法律的人和公平的人就将是正义的。这么说来，正义的也即守法的和公平的，而不正义的则是不守法的和不公平的。

既然不正义的人总是贪求攫取，则他必定关心好处，当然，他所关心的也并非所有的好处，而是那些跟生命的兴旺和困厄休戚相关的好处。绝对地来看，这些好处永远是善的，然而，对于一个特定的人来讲，它们却并非永远是善的。

人们馨香祝祷、汲汲求取的无非就是这些事情。他们本不该这样祝祷贪求。然而，如果真要祝祷的话，他们也应该祝祷那些在绝对意义上是善的东西可以变得对他们而言也是善的。而且，他们所选择的，也应该是那些对他们而言是善的事物。

不正义的人并不总是选择更大者，有时，他也会选择较小者，比如，当他要选择绝对的坏的事情的时候。因为，较小的恶自身也可被在某个意义上被视作善的,而贪求攫取（的行为）又是以善的事情为目标，也正因此他才被认为是贪求攫取的。而且这样的人也将是不公平的，因为这种恶包含上述二者（不正义和贪求），而且是它们共同分有的。

既然目无法纪的人被视为不正义的，而遵纪守法的人则被视为正义的，那么，很明显，所有守法的行为在这一意义上都是正义的行为。而立法艺术（the legislative art）所规定了的行为就是守法的，因而我们要说，立法艺术所规定的行为中的每一种都是正义的。

然而，法律就所有事务所做的规定，其目的要么在于所有人的利益，要么在于最好的那些人的利益，要么就在于那些权贵的利益，如此等等。

是故，如果有些行为有利于政治社会创造并维系幸福及其各个成分的话，那我们也将在这一意义上把这些行为称作正义的。

法律告诉我们既要行一个勇敢者之所行（比如，不脱离我们的战斗岗位，不逃跑，也不弃械投降），也要行一个节制者之所行（比如，不犯通奸之罪，也不放纵淫欲），并且要行一个温和者之所行（比如，不打别人，也不詈骂别人）。

同样，法律也就其他那些德性以及各式各样的罪恶做出了规定，命令我们去施为其中一些行为，同时禁止我们去过犯另一些行为。一个以正当方式构建起来的法律会对这些事做出正确的规定，而一个草草构思的法案则于此有所不逮。

这么说来，这种形式的正义就是完全的德性，但并非绝对意义上的德性，而只是与我们的邻人相关的德性。也正因此正义常被认为是诸德性之中最为伟大的那个，如谚所云，"无论是暮星还是晨星"[①]都不似它这般美妙，又如谚所云，"在正义之中，每一种德性都得到了把握！"

说它是完全的德性，也是在其最为充分的意义上讲的。因为，它就是对于完全之德性的切实练习。

而它之所以是完全的，乃是因为，拥有它的人不仅能够在他自己身上来练习他的德性，也能在他的邻人身上来练习他的德性。因为，许多人都能够在他们自己的事务中来练习德性，却不能在他们与他们邻人的关系之中来练习德性。这就是为何人们会认为庇阿斯[②]的名言是对的，也即"统治将会试炼一个人"，因为，一个统治者必然要与其他人发生关系并且成为一个社会的一员。

基于同样的理由，在所有的德性里，也只有正义才被称

---

① 亚里士多德这里化用的是古希腊的一句箴言，其完整的表达是"无论是暮星还是晨星，都不如正义美妙"。这里的"暮星"(evening star)和"晨星"(morning star)在我们中文里常作"长庚星"和"启明星"，这两颗星实际上就是我们所熟知的同一颗行星——金星。

② 庇阿斯，古希腊七贤之一，素有智慧。

作"另一个人的善",因为它是与我们的邻人相关的。这又是因为,它所实施的,乃是对别人来说有利的事情,这个"别人",要么是一个统治者,要么是我们的某个同伴。

这么来看,最坏的人就是不仅在他自己身上,也在他的朋友身上操练他的恶习的人,而最好的人则并不是在他自己身上练习他的德性的人,而是在别人身上练习他的德性的人,因为,这实在是一件困难的任务。

在这个意义上,正义并不是德性的一部分,而是德性之全体,而与其相反的不正义也不是恶习的一部分,而是恶习之全体。

从我们前面说过的来看,德性和正义在这一意义上的区别是很明显的。它们原本是一样的,只是在概念上不同罢了。当与邻人发生关系的时候,德性就是正义,当作为一种绝对意义上的习惯或者品性之状态来讲的时候,正义就是德性。

……

就特殊的正义以及相应意义上的正义行为而论,它包括:

(一)在荣誉、金钱以及其他一些涉及公共善的东西的分配中所展现的正义,当然,我们这里说的分配,乃是在那些共同享有一个政治社会的人之中进行的分配,因为,只有在这些人中间,一个人所得的份额才可能在跟别人的份额相比时显得公平或不公平。

（二）在人与人的交易买卖中起着一种矫正作用的正义。就这种正义而言，又可分为两种情况，即针对自愿的交易而言的以及针对非自愿的交易而言的。所谓自愿的交易，包括卖、买、借贷、典当抵押、租用、寄存、出借等，它们之所以被称为自愿的，因为这些交易就是出于自愿。所谓非自愿的交易，有一些是暗中进行的，比如偷盗、通奸、下毒、诱骗、蛊惑奴隶、刺杀、做伪证等，有一些则是暴力公开的，比如袭击、监禁、谋杀、暴力抢夺、毁伤形体、虐待、侮辱等。

IV

德性生活之要津:理智德性

何谓理智德性

我们在前面说了,一个人应该去选择那适中之事而非过度或不足之事,而且我们也说了,适中之事乃是由出自正确规则的命令来决定的。既然如此,就让我们来讨论一下这些命令的性质吧。

在我们所提过的所有那些品性之状态中,正如在所有其他的事务中一样,总存在一个标志,这个标志为拥有规则（正确理性）的人所谨守,并且照之来增强或减弱他的行为;此外,也存在一种标准,这一标准决定了我们所说的处于过度与不足之间的那种中间状态,而且是与正确的规则一致的。

然而,这样一种说法虽然不错,却不甚清楚。因为,不仅仅是在此,在所有其他的以知识为目标的求索活动之中,说我们必定不能太用力或太不用力,也不能太放松或太不放松,而是应该在一种适中的程度上,照着正确的规则所指示的那样来努力,那也同样是对的。然而,如果一个人仅仅只有这种知识的话,他就决计不会成为更为智慧的人。比如,我们不会知道对我们身体到底该用哪种药,如果一个人只是说"(用)所有那些为医学技艺所规定的,并且为一个拥有这种技艺的人在实践中会使用的药"。因此当涉及灵魂之状态的时候,情形也是一样的,我们不仅应该做出这种正确的陈述,而且还必须来规定,正确的规则到底是什么,能够对它进行校正的那一标准又是什么。

我们曾对灵魂的德性进行过划分,并说有些是品性的德性(*道德德性*),有些则是理智的德性。对于道德德性,我们已经讨论得够细致了,对于另外一些,且让我们将我们的看法表达如下。

在一开始,我们想就灵魂做一些评论。我们之前说了,灵魂有两个部分,一个部分是拥有一个规则或者说理性原则的部分,另一部分则是非理性的。且让我们对于那个拥有一个理性原则的部分再做一种类似的划分。

让我们假定,拥有理性原则的那部分灵魂也有两个部分,一个部分被我们用来沉思一类以不可变的东西作为其起因的事物,而另外一个部分则被我们用来沉思那些可变的事物。

让我们把这两个部分一个叫作"科学的",一个叫作"计算的"吧。因为,权衡与计算是同一件事情,而且没有人会权衡那些不可变之事。因此计算的部分就是拥有一个理性原则的那部分灵魂官能的一个部分。

这么说来,我们就必须搞清楚这两个部分最好的状态分别是什么样的,因为,它们最好的状态也就是它们的德性。

两种理智德性及其对象

一个事物的德性总是与其专有的工作联系在一起的。在灵魂之中存在三件事情，它们控制着行动与真理，此即感觉、理性与欲望。

在这三者中，感觉很显然不是任何行动的推动力，从那些低级动物来看，这很明显，它们有感觉，却谈不上有什么行动。

肯定与否定是思想的事情，相应地，追求与躲避则是欲望的事情。因而，既然道德德性是一种与理性选择相关的品性状态，而选择又是经过了权衡的欲望，因而，如果这个选择要是善的话，则理性的推理就必须是正确的，而欲望也必须是正当的，而且欲望所追求的东西还必须是为前者所首肯的。

这类理智与真理就是实践理智。论到那沉思的理智，它既不是实践的，也不是创制的（productive），其好的状态与坏的状态分别是真理与谬误（因为无论对于什么理智而言，其功能都在于达到真理）。然而，论到实践的理智部分，其好的状态则在于与正当的欲望相对应的真理。

行动的源头——它的动力因,而非其目的因——在于选择,而选择的源头,则在于欲望以及为了一个目的而进行的推理。

这便是为何离开了理性与理智,或者离开了一种道德状态,选择根本不可能存在。因为,若没有理智与品性的一种结合,善的行动与其反面皆不可能存在。

无论如何,理智自身并不推动任何事情,只有瞄准某个目的且与行动相关的理智才会。这也适用于与制作某样东西相关的技艺:只有为了什么,一个制作者才会去制作某个东西。而且,被制作的事物并不是绝对意义上的目的(*毋宁说,只有相关于某件事情且相关于某个既定的人来说,它才算作一个目的*),只有被执行的那个行动才是绝对意义上的目的。因为,完善的行动就是一种目的,而欲望的目标无非就是此目的。

因而,选择要么是带有欲望印记的理性,要么是带有理性印记的欲望,以这种选择作为行动之推动力的才是人。

然而,我们也要注意,任何已经逝去的东西都不可能是欲望的对象,比如,任何人现在都不可以选择去洗劫特洛伊城,因为,没有人可以就过去的事情做什么慎思权衡,他所能权衡的,只能是将来的且有多种走向的事情,过去的事情,

是不可能还没有发生的。故此,阿伽松[①]的这些话确实是对的:

即便是神,也没有本事

将已经发生了的事变得没发生。

由此看来,灵魂中的这两个理智的部分都以真理作为其任务。因而,这两部分理智的德性,就在于令它们能在最大程度上达致真理的那些状态。

[①] 阿伽松,柏拉图时代的著名诗人,他曾经在柏拉图的《会饮篇》中出现。其作品多已散佚,仅存一些残篇断句。

主要的理智德性：科学知识

让我们假定，灵魂经由肯定或否定来达致真理时所经由的状态在数目上有五种，也即技艺、科学知识、实践智慧（审慎）、哲学智慧、直观的理性（理智）。我们并没有把判断和意见也囊括进来，乃是因为，我们在做判断和持有意见的时候总免不了犯错。

什么叫作科学知识？如果我们要准确地回答这个问题而不是跟随一些似是而非的答案的话，我们就要通过下面的讨论来搞清楚。

所有人都假定，我们科学地来认识的事情是不可能成为另外一个样子的事情，而那些可能成为别样的事情，只要它们没有被我们观察到，我们就不知道它们到底存在还是不存在。因而，科学知识的对象就是具有必然性的事情。由此，它也是永恒的，因为，在绝对的意义上讲，具有必然性的事情皆是永恒的，而永恒的事情无所谓产生，亦不会毁灭。

再者，所有的科学知识都应是可教的，而知识的对象也应该是能够被学会的。然而，所有的教导又都是以已知之事作为起点的。如我们在《后分析篇》①所言的一样,它有时候是通过归纳,有时候是借助于三段论。归纳将我们导向第一性的原则和普遍之事,而演绎则以那些普遍之事为起点。因而,存在一些原则(也即起点),三段论由它们开始,然而它们本身却不是三段论所推导出来的,而是由归纳来获得的。因而,科学知识必是一种与推证有关的能力,并且具备其他的一些我们在《后分析篇》里所确认的特征。因为,只有当一个人以某种特定的方式来相信某件事,而且那些起点对于他也是可知的,他才会具备科学知识。因为,如果他对于那些起点的知晓程度还不如对结论的知晓程度的话,他要拥有这一知识就只能靠碰运气了。

---

① 《后分析篇》(*Posterior Analytics*):亚里士多德的一部重要的逻辑学著作,涉及对"推证""定义"和"科学知识"等重要主题的探讨。

技艺：关于如何制作事物的知识

可变的事物既包括被制作的事物，也包括被实施的事情。制作与实施是两回事，就这一点来说，我们甚至都可以采信我们学园之外的那些外行的说法。因此实施行动的能力之状态不同于进行制作的能力之状态，尽管它们都伴随着理性。因此它们二者并不相互涵括，因为实施不是制作，制作也不是实施。

比如，建筑就是一种技艺，在本质上讲，就是在正确的理性指导下进行制作活动的一种状态。既然任何一种技艺都是这样一种状态，而任何这样一种状态也是一种技艺，那我们便可以说，技艺就等同于在正确的理性指导下进行制作活动的一种状态。

每一种技艺都关系到某个事物的实现，技艺的操持，因而也便是要研究怎么样让一个原本既可以存在也可以不存在的东西变成存在。这一过程的源头，正在于那个制作者而非在于被制作出的那个东西。因为，技艺既不关乎那些必然存在或必然生成的事物，也不关乎那些因自然而存在或生成的事物（这样的事物的源头就在它们自身之中）。

制作与实施是不同的，技艺必定属于制作而非属于实施。在某个意义上，运气与技艺都关涉到相同的对象，正如阿伽松所说，"技艺热爱运气，而运气也热爱技艺"。

这么说来，如我们方才所言，技艺就是在正确的理性指导下去制作的能力之状态，相反，缺乏技艺则是在错误的理性指导下去制作的一种能力之状态。二者都与可变的事物有关。

实践智慧（审慎）：关于如何实现人生目的的知识

论到实践智慧，我们完全可以通过观察那些我们认为具有实践智慧的人来获得关于它的真理。我们认为，一个具有实践智慧的人的标志，正在于他能够很好地权衡那对他而言是善的且便利的事情。

然而，这些事情并不局限于（我们生命的）某个特殊方面，比如，不是关于哪一类事物有益于健康或者强健，而是关于哪一类事物有助于普遍意义上讲的善的生活。

这一点有事实可证，此即当有人已经为了某个善的目的（这个目的并不是任何技艺的对象）而做了良好的计算时，我们就确信他在某个特殊的方面有实践智慧。从这一事实我们也可以推导，在普遍的意义上讲，能够进行慎思权衡的人也便是有实践智慧的人。

实践智慧不能是科学知识或者技艺。说它不能是科学，乃是因为它所处理的是能够成为别样的事情；说它不是技艺，乃是因为行动与制作本是不同类型的事情。

如此说来，它只能是剩下的那一选项，也即它是与我们的行动密切相关的一种正确的、理性化的能力状态，而且是与那些对人来讲或好或坏的事情相关的。

制作的目的绝不在制作本身，而行动的目的则不然，因为，善的行动自身就是它自身的目的。也正因此我们认为波利克莱斯①以及与他类似的人都拥有实践智慧，也就是说，他们能够明白对他们自己来讲什么才是善的，也明白对于人来讲什么才是善的。

我们认为，能够这么做的人，也便是善于持家或者治理国家的人。这也是为何我们将节制称为sophrosyne，因为这个词意味着某个人"保持着他的实践智慧"（sozousa tan phronsin）。而它所保持的，也正是我们刚刚所描述的那种判断。因为，宜人的与恼人的对象所腐蚀并颠覆的判断并不是随便什么判断，也即不是诸如三角形的三个角等于还是不等于两个直角这样的判断，而是关于我们之行动的判断。

被实施出来的那些事情，源自于它们所瞄准的目的，然而，对于任何这种源起因，为快乐或痛苦所腐蚀的人是永不可能知晓的。也就是说，他根本意识不到，他应该把他的每一选择都当作实现那一目的的手段，在实施每一种行为时，

---

① 波利克莱斯，著名的古希腊政治家与演说家，在当时的雅典社会影响巨大，曾被其同时代的历史学家修昔底德誉为"雅典城邦的第一公民"。

也都应该是出于那一目的的。因为，恶习就是对我们行动之源起因的败坏。

因而，实践智慧必定是我们为了属人的善而去行动的能力所具有的一种理性化的、正确的状态。

在技艺之中也存在着一种所谓的卓越性，在实践智慧中却没有任何的卓越性。而且，在技艺方面有意犯错的人是更可接受的，而在实践智慧方面，正如在一些德性之事上一样，故意犯错则是更不可接受的。这么说来，很显然，实践智慧并非一种技艺，而是一种德性。

然而，在灵魂之中，能够依循推理之过程的部分有两个，因而，它必定是那两个部分之中的一个，也即是那个能够形成意见的部分，因为，意见是关于可变之事的，而实践智慧也是如此。但不管如何，它不只是一种与理性有关的状态，这一点也有事实可证，此即一种只与理性相关的状态是可以被遗忘的，然而，实践智慧却不可能被遗忘。

直觉性理性（理解）：对于推证之原则的知识

科学知识是对于那些普遍而必然的事情的判断。借由推证所得出的结论，以及所有的科学知识，都是从第一性的原则推导出来的，科学知识关涉到对于一种合理根据的领会。

千真万确，我们科学地来认知的事情乃是从第一性的原则推导出来的，但第一性的原则却不能成为科学知识的一个对象，也不能成为技艺或者实践智慧的对象。因为，能够被科学地认知的事情，也即可以被推证出来的事情，但是，技艺与实践智慧处理的却是变幻无定的事情。这些第一性的原则也不是哲学智慧的对象，因为，哲学家的标志，正在于对某些事情进行推证。

因而，如果能够令我们拥有真理，且令我们绝不会在不可变之事甚或可变之事上受蒙蔽的那些心灵之状态，涵盖科学知识、实践智慧、哲学智慧和直觉性的理性这四者的话，那么，能够抓取第一性的原则的，就不可能是前三者（*实践智慧、科学知识或者哲学智慧*）之中的一个，而只能是剩下的那个选项，也即直觉性理性。

哲学智慧：直觉性理性与科学的结合

至于就技艺而言的"智慧"，我们要归于那些最为精确地展示了某种技艺的能手，比如，我们称菲迪亚斯是一位"智慧的"石刻家，称波利克里特为一名智慧的青铜人像雕塑家[1]。这里所说的"智慧的"，仅仅指的是他们技艺的卓越性。

但是，我们也认为，有些人在普遍的意义上来讲就是智慧的，而非仅仅在某个特殊的领域或者在其他有限的方面是智慧的，正如荷马在其《玛吉特斯》中所说的一样：

诸神既没有把他造成一位挖掘工，

也没有把他造成一个扶犁者；

在别的方面他也没啥智慧。[2]

---

[1] 菲迪亚斯，古雅典著名的雕塑家。他最为著名的作品就是帕特农神庙中的雅典娜大理石像。波利克里特，阿尔戈斯人当中最为杰出的雕塑家，其最为著名的作品是为阿尔戈斯城邦的赫拉神庙所创作的赫拉像。前者擅长大理石塑像，后者则以用青铜、黄金等金属制作的雕像而闻名。

[2] 《玛吉特斯》，据说是荷马所创作的一部喜剧诗歌，但早已散佚，并没有流传下来。

因而，很明显，智慧必定是最为完备形式的知识。由此可知，智慧的人不仅仅必定知道从第一性的原则可以推导出什么，也必定拥有与第一性的原则相关的真理。因此智慧必定是与科学知识结合在一起的直觉性的理性，一种关于最高的那些对象，把那些最高的对象当作其顶峰和完成来接受的科学知识。

我们这里谈的是"最高的对象"，因为，如果认为政治的技艺或者实践智慧就是最好的知识的话，那将是很奇怪的，既然它们的对象——人并不是这个世界上最好的事物。

在人和鱼的眼中，健康的或者善的东西必定是不同的，而白的或直的东西则是一样的。如果是这样的话，有人就会说，智慧的东西总是相同的，而在实践上说来智慧的事情则是不同的，因为，那些能对属于他们自身的各种不同的事务做出完善观察的人才叫有实践智慧，我们因之也才会将这些事务托付给他。

这就是为何我们说，即便是在一些低级的动物之中，也即那些被人发现能对它们自己的生命拥有一种预知能力的动物中，都有一些拥有实践智慧。

同样，很明显，哲学智慧与政治技艺也不可能是一样的，因为，如果与一个人自身利益相关的心灵之状态被叫作哲学智慧的话，那就有太多的哲学智慧了。

因为，可不是只存在一门与所有造物的善都相关的智慧（正如不存在一种对所有存在着的事物都适用的医药技艺一样），而是每一种善都有一门相关的智慧。就算有人说人是超越于其他所有动物的，也不会给上面的论证造成任何差别。须知，在人之上，还有些远比人要神圣的东西，最为典型的例子，就是构成了宇宙的那些天体。

从我们已经说过的来看，很清楚，哲学智慧是科学知识，它不仅与直觉性的理性结合在一起，也是与那些在本性上最为高等的事物相关的。这也是为什么当我们看到阿纳克萨戈拉、泰勒斯以及那些与他们类似的人对于那些于他们自己有利的事情一无所知的时候，会说他们有哲学智慧而不是有实践智慧。这也是为什么我们要说，他们所认识的事物都是引人注目的、受人尊崇的、困难的且神圣的，然而是无用的，也即因为他们所寻求的东西绝不是属人的善。

而在另一方面而言，实践智慧则关涉到属人的，而且有可能对之进行慎思权衡的事务。因为，我们说了，拥有实践智慧的人最为首要的工作就是进行妥善的权衡，但是任何人都不可能对不可变易的事情进行权衡，也不可能对不具备一个目的的事情进行权衡，而那个目的恰恰就是我们能够借着我们的行动来获得的一种善。绝对善于权衡的人，往往能够按照他的计算来瞄准那些对人来说最好的且可由行动来达致的事情。

实践智慧并非仅仅关切到那些普遍之事，它必定也熟稔一些特殊的事务，因为，它是实践性的，而实践又总是同特殊的事务相关的。这就是为何有些虽然没有什么知识却富有经验的人要比那些只有知识的人更善于实践。因为，如果一个人只知道清淡的肉食更易消化，而且有利健康，却并不曾知道哪一类肉才是清淡的，他就不太能够吃得健康，然而，他若知道鸡肉是比较有利健康的话，他就更容易为他自己带来健康了。

既然实践智慧与行动相关，我们就应该去拥有两种形式的实践智慧（关于普遍之事的和关于特殊之事的），或者偏爱后者更甚于前者。无论如何，这二者之间都应该有个主次之分。

实践智慧的种类

政治智慧与实践智慧是心灵的同一状态，然而它们的本质并不相同。

就与城邦相关的智慧而言，在其中处于支配性地位的那一实践智慧乃是立法的智慧，而如同殊相之于它们的共相一般与立法的智慧相关联的，如我们所知，就是通常说的"政治智慧"。

这一智慧必得与行动以及慎思权衡联系在一起，因为，一条法令在执行时所采取的形式，就是一个个体行为。这也是为何只有这种技艺的体现者才被说成是"参与政治"的，因为，只有这些人才会像手工劳动者"做事"一般来"做事"。

实践智慧特别地与一个人自己，也即与个体相关。这就是我们通常所知的"实践智慧"。

至于其他类型的实践智慧，一种叫作持家，一种叫立法，一种叫政治。就最后一种也即政治来说，其一部分又叫作审议的，另一部分则叫作司法的。

然而，知道什么才是对自己而言善的事情，这也是一类知识，却与其他类型的实践智慧中的知识殊为不同。一个了解并关心他自身利益的人常被认为是拥有实践智慧的，而从事政治的人却常被认为是"好事之徒"。故此，欧里庇德斯[①]才有言云：

但是，我怎么能成为智慧的呢，如果我

轻松闲适，在军队中也不过是与众人一样

同工同力？

那些卓尔不群之人，当然要忙忙碌碌。

人们通常都寻求他们自身的善，并且认为他们应该努力做工以确保它。从这种意见出发，就有了一种观点，认为这些人才拥有实践智慧。然而，一个人自身的善，也许根本不可能脱离持家或者脱离一定形式的政府而存在。进一步说来，一个人应该如何来安排他自己的事务，这也是不甚明了，尚需要质询的。

有一个事实可以确证我们方才说过的那些话，此即年轻人可以成为几何学家，成为数学家，或者成为在其他类似的知识方面智慧的人，但是，一般说来，我们却没法找到一个深具实践智慧的年轻人。其原因在于，实践智慧不仅关切到

---

① 欧里庇德斯，古希腊悲剧作家，与埃斯库罗斯和索福克勒斯并称为古希腊三大悲剧大师，代表作有《独目巨人》《阿尔克提斯》等。

普遍之事，也关切到特殊之事，而要熟稔这些特殊之事，就得靠经验，但一个年轻人对它们却不怎么有经验，因为，只有较长的时间才能催生经验。

事实上，有人也可能会接着问，为什么一个男孩儿可以成为一位数学家，却不能成为一位哲学家或者物理学家呢？或者，这难道是因为，数学的对象乃是经抽象而存在的，而哲学或者物理学中的第一性的原则乃是来自经验的吗？难道年轻人真的只会运用这些科学的专业术语，却不具备任何对于那些第一性的原则的确定信念，然而数学和几何学的对象对于他们而言倒是足够清楚的吗？

进一步而言，我们在权衡时所犯的错误，既有可能是关于普遍之事的，也有可能是关于特殊之事的。比如，我们既有可能不知道所有的水一旦变重了那就说明其水质变坏了，也有可能不知道自己端着的这杯水变重了。[①]

实践智慧并不是科学知识，这是很明显的。因为，如我们所说，它是与真正特殊的事实相关的，有待我们去做的事情总是个别的。

这样说来，它也与直觉性的理性相对立。因为，直觉性

---

① 古希腊人认为，相对较重的水其水质也更差，更难被人体吸收，因为它可能掺杂了很多泥土。

的理性把握的是一些限定性的前件，而这些前件本身是没有任何理由的。然而，实践智慧所关切的乃是真正个别的事情，这些个别的事情不是科学知识的对象，而是感知的对象。而且，这一感知也并不是为某种感官所专有的，而是类似于，比如，我们感知到我们面前的这个特殊的图形是一个三角形，这样的数学感知。

什么是好的权衡

在质询和权衡之间,也存在着一种差异。因为,权衡总是对于某一特殊类型的事物的质询。

我们不仅要搞清楚在权衡中所存在的那种卓越性的本性,也要搞清楚它到底是一种科学知识呢,一种意见呢,一种猜想的技巧呢,还是别的什么类型的东西。

它必定不是科学知识,因为,人们不会去质询他们所认知的事物。然而,好的权衡也是一种权衡,而做权衡的那个人所做的,无非是质询与算计。它也不是什么猜想的技巧。因为,猜想并不牵涉到什么推理,而且其运作过程也很迅速。然而,一个人在做权衡的时候,必得花较长的时间,而且,他们也常说,你一旦权衡好了,就要迅速做出结论,不过,在你权衡的时候,却不要心急。

再者,心灵的敏捷也与权衡所具有的卓越性(良好的权衡)不同,它比较类似于猜想的技巧。

权衡所具有的卓越性也不同于任何的意见。然而,既然一个糟糕地进行权衡的人总是会犯错,而良好权衡的人则常常是对的，那么，很清楚，权衡的卓越性就在于一种正确性。

但是，权衡所牵涉到的这种正确性却既非知识的正确性，也非意见的正确性。因为，根本不存在所谓的知识的正确性（没有所谓的"知识的谬误"）。而且，意见的正确性也就是真理，同时，每一件能作为意见之对象的事情都已经是确定的了。然而，权衡的卓越性却牵涉到推理。

既然如此，那么，剩下的选项，就只有说它是思维的正确性了。然而，我们这里所说的"思维"并不是断言。意见不是质询，而是已然达到了断言的阶段，但是，**在做权衡的人，无论他做得好还是不好，都是在探究某件事情并对之加以算计。**

权衡的卓越性就在于权衡所达到的一种特定的正确性。因此我们必须首先来考察一下什么是权衡，以及权衡与什么事情有关。而且，存在着不止一种正确性，很显然，权衡的卓越性并不是随便哪种正确性。

对于不自制的人和败坏的人来讲，如果他够聪明的话，他对于他为其自身设立的那个目标的计算也能得出一个结果，以至于我们可以说，**他为此做了正确的权衡，但是，他将为他自己谋得的，不过是一种巨大的恶而已。**

为某事做了良好的权衡，这原被认为是件好事，因为，权衡的卓越性，正在于这种权衡的正确性，也即它倾向于获得的东西，乃是某个善的东西。然而，只是要获得善的话，甚至借助于一种错误的三段论推理，我们都可以做到。而不借助正确的手段来达成一个人应该去做的事情，这只能是因为这个人推理的中项出了问题。因而，这种状态，也即一个人并没有借助正确的手段就达成了他应该去做的事，也并不是权衡的卓越性。

再者，也有可能，一个人需要很长时间的权衡才能达成某件事，而另一个人则很迅速就做到了这一点。在前一例子中，我们看不到什么权衡的卓越性，因为，权衡的合宜性，不管是目的的合宜、方式的合宜还是时机的合宜，也都关系到便利性。

进一步说来，也有可能，良好的权衡要么是在绝对的意义上讲的，要么是参照某个特殊的目的来讲的。这么说来，在绝对意义上的权衡之卓越性，也便是在绝对的意义上成功实现了其目的的那种状态；而在特殊意义上所讲的权衡之卓越性则是相对于某个特殊的目的来说是成功的。

因而，如果具备实践智慧的人的特征正在于进行良好的权衡的话，那么，权衡的卓越性就将在于一种正确性，此即在考虑什么才有助于达成目的时的正确性。而实践智慧，正是对于那个目的的正确领会。

什么是好的理解

理解以及好的理解,也即令人们得以被称为有理解力的人或者有着好的理解力的人的那个东西,既不完全与意见或者科学知识相同(因为如果是那样的话,则所有的人都会成为有理解力的人了),也不属于任何一门特殊科学,比如医药学,作为一门科学,它处理的是那些与健康相关的事情,而几何学,则与空间的量度有关。

因为,理解所关涉到的,既不是稳固而不可变易的事情,也不是什么生成的事物,而是能够成为质疑和权衡之主题的事情。因此它所关涉的事情,也便与实践智慧的对象是一样的。

然而,理解与实践智慧却并不相同(理解就等同于理解之善,有理解力的人就等同于有好的理解力的人)。因为,实践智慧发出的是命令,既然它的目的就是要决定什么是应该被实施的,什么又是不应该被实施的,但是,理解所产生的仅仅只是判断。

这么说来,理解就既不是对实践智慧的拥有,也不是对实践智慧的获得。然而,当学习意味着认知官能的练习时,它也被称为理解。同样,"理解"这个词也可用来指称意见之官能的练习,若这一练习的目的在于就别人所说的那些为实践智慧所关切的事情做出判断并且做出可靠的判断,因为,说"良好地"判断就相当于说"可靠地"判断。

由此出发,才有了"理解力"这个词的这一用法,此即我们可以借此来说一个人是"具有好的理解力的",以此来指他"对科学真理的掌握",既然我们也常常把"掌握了"说成"理解了"。

什么是好的判断

对公正之事能够做出正确的辨别，这也被称作判断。正是借此，人们才会被说成是"同情的判官"且"有判断力"。

这乃是有事实可证的，此即我们常说，公平公正的人首先就是一个具有同情之判断的人，而且，我们也常将对特定事实的同情之判断等同于公平。所谓同情之判断，就是能够辨别且正确辨别什么才是公正的那种判断。而所谓正确的判断，也即就真实情况进行判断的那种判断。

现在，我们所考虑的所有的这些（灵魂之）状态，如我们所期盼的，都汇聚在了同一点。因为，当我们谈论判断、理解、实践智慧以及直觉性理性的时候，我们将它们全都归给了相同的一些人，说这些人拥有判断、富有理性并具备实践智慧和理解。

所有这些官能所处理的，都是一些最终的事情，也即一些特殊的事情。而且，要成为一个具有理解力的人，并成为一个具有良好之判断或同情之判断的人，就在于就实践智慧所关切的事情进行判断。因为，对于所有良善的人来说，在他们与他人的关系中，公平之事乃是他们共同的关切。

我们不得不去实施的所有的事情，都是些特殊的事情或者最终的事情，因为，不仅具备实践智慧的人必须知晓特殊的事实，而且，理解与判断也都与要被实施的那些事情相关，而这些事情正是我们所说的最终的事情。

至于直觉性的理性，它在两个方向上都与终极的事情相关，因为，只有直觉性的理性，而非推理，才能同时把握那些第一性的原则和上面说的那些最终的事情。与推证相关的直觉，把握的是推证所借助的那些不可变的、第一性的原则（终极而普遍的知识原则），而在实践当中运用到的直觉，则关系到最终的、偶然的那些事情（也即实践三段论推理中的小前提）。因为，这些偶然的事实就是我们要达到我们目的的起点，正是从这些特殊的例子当中，我们才建立起（关于我们行为的）普遍规则。因而，这些个别特殊的事情需要被我们把握，而这种把握就是直觉。

这就是为何这些状态都被认为是人的自然天赋。这也是虽然任何人都不会被认为是天生的哲学家，却会被认为天生就有判断力、理解力与直觉性理性的原因。

事实也表明了这一点。我们认为，我们的能力总是与我们的年岁相应的，到了一个特定的年纪，我们自然就有了直觉性的理性和判断。这一过程暗示，自然就是这一切的原因。

也正因此直觉性理性既是开端,也是终结,因为推证既来源于此,又归结于此。

因此我们应该仔细倾听那些经验丰富的年长者的,或者富有实践智慧的人的教训和意见,这种倾听应该丝毫不少于我们对推证的倾心,因为,正是经验,赋予了他们一双慧眼。

理智德性有什么用

有人可能会质疑说，这些心灵之品质有何用处呢？

他们的理由在于，首先，哲学智慧所沉思的所有那些事情，似乎都不是能令一个人变得幸福的那些事情，它并不关心任何"变成"之事。说到实践智慧，尽管它考虑那些跟"变成"相关的事情，然而，我们之需要它，到底是为了怎样的目标呢？实践智慧作为一种心灵之品质，关切的乃是正义的、高贵的且对人来说是善的那些事情。然而，良善之人的标志，却在于去实施这些事情。并且，我们不会仅仅因为知道了这些事就变得更为有能力去实施它们，既然我们讲的德性都是品性的状态。这就好比，我们也不会仅仅因为有了相关的知识就更加能够去做那些"健康的"且"振奋的"事情（不是在它们能导致健康这一意义上讲的，而是在它们是健康所导致的结果这一意义上讲的）。因为，我们并不会因为拥有医药或者体育方面的技艺（科学知识）而更能够去实施这些方面的事情。

其次，如果我们要说，一个人拥有实践智慧，应该不是为了认知道德真理，而是为了变成良善的，那么，实践智慧对于那些已然是良善的人来说就没有任何的用处了。再者，对于那些没有任何德性的人来说，它也是毫无用处的，因为，如果他们没有任何德性，那么，到底是由他们自己来拥有实践智慧，还是仅仅要他们去遵循其他那些拥有实践智慧的人就行了，这都不会有任何分别。于此，我们若遵照我们在健康方面的做法来行，怕是已经足够了——尽管我们都想变得健康，然而，我们却无须亲自学会医药的技艺。

最后，无论一门技艺制造的是什么东西，它都的的确确支配着它所制造的那个东西并且给出与那个东西相关的命令。然而，如果说实践智慧，作为一种比哲学智慧低级一些的智慧，还得接受在它之上的什么权威的话，那将是非常奇怪的。

目前为止，我们只是陈述了这三个困难，现在，我们必须来讨论一下这三个难题。

首先，让我们这么说吧，哲学智慧与实践智慧，两个都是德性，只不过分属于灵魂的不同部分（*也即理论理智和实践理智这两个部分*）。故此，就算它们二者皆不制造任何结果，它们也必定都是在其自身便值得我们欲求的。

其次，它们的确制造某种东西，但是，并非如同医药的技艺导致健康一般，而是如同健康导致健康。哲学智慧就的确会导致幸福，因为，既然它是德性之整体的一个部分，那么，当一个人拥有它并且将之现实化①的时候，它就会令一个人变得幸福。

最后，人的工作要想达成，除了要依照道德德性之外，还必得遵照实践智慧。因为，令我们瞄准正确的目标的，乃是德性，而令我们采取正确的手段的，则是实践智慧。（说到灵魂的第四个部分，也即营养的部分，它是没有任何的这种德性的，因为，那一部分的能力跟做什么或不做什么完全无关。）

至于最后那一难题，也即我们不会因为我们的实践智慧而变得更有能力去实施高贵之事和正义之事，且让我们再退一步，从下面这一原则开始我们的回答吧。

如我们所说，有些人虽然实施了正义的行为，却并不必然是正义的人。比如，如果一个人实施了由法律所规定的行为，然而他要么是不情愿这么做的，要么是因为无知或者因为其他什么理由才这么做的，反正不是为了那些行为本身（但确定无疑，他们的确做了他们本应做的，而且是任何一个良善之人都必得去做的事）。因而，看起来，若一个人是为了成为良善的人而去实施这多个行为的时候，他必定是处在一种特

---

① "现实"（act）、"现实性"（actuality）和"现实化"（actualization/actualizing）是亚里士多德哲学当中的几个比较特殊的概念，它们与"潜能"（potentiality）相对立，指向一个事物的存在活动，或者说，通过特别的活动展现出来的它的存在。这里所谓的哲学智慧的现实化，指的就是理性或者说"理论理智"（theoretical intellect）的沉思活动。

定的状态之中的，也就是说，此时这个人对它们的实施，必是理性选择的结果，而且是为了那些行为自身（才去实施的）。

德性令我们做出正确的选择，然而，若为了执行我们的选择，应该实施一些由自然所设计的事情的话，那些事情也跟德性没什么关系，而是属于另外的什么才能的事情。对于这些事情，我们必须给予关注，并且更为清楚地来阐明它们。

有一种才能，我们称之为聪明，也即它令我们能够去做那些趋向于我们在自己的前方所设立的标靶的事情，并且让我们最终命中那一标靶。现在，若这一标靶是高贵的，则这种聪明就是值得声扬的，但是，如果这一标靶很坏的话，这种聪明就纯粹只是抖机灵而已。因此我们甚至也会称具有实践智慧的人是聪明的或机灵的。实践智慧与这种才能不同，尽管它不能脱离这种才能存在，然而，如我们所说过的那样，很清楚，灵魂的这只"眼睛"（也即聪明）若想发展为真正的实践智慧，也得需要德性的襄助。因为，我们在实施一个行为时，都会先做某种三段论推导，而这一推导必定有一个起点："既然我要达到的目的，也即最好的那个结果，其本性是如此这般的……"无论这个目的可能是什么（为了我们的论证，且让我们将它设想为我们所心仪的事吧）。然而，除非是对于良善之人来说，否则这个起点并不明显。因为，邪恶总会颠覆我们并令我们蒙蔽于我们行动的那个起点。

因此很明显，如果本身不良善，一个人就几无可能具备实践方面的智慧。

德性与实践智慧的关系

为此，我们必须再次考虑一下德性。因为，正如实践智慧与聪明相关联一样，德性也有这样的关联，当然，不是完全一样的关联，而是类似的关联。这一关联，也即"自然德性"与严格意义上的德性之间的关联。

人们普遍相信，在某个意义上讲，各种各样的品性都是自然的赐予。因为，从我们诞生的那一刻起，我们就是正义的、能自控的、勇敢的，或者拥有其他的那些道德德性的。然而，我们仍然要寻求另外一些在严格意义上的善的东西，也即寻求以另外的方式呈现在我们身上的那些品质。

小孩和禽兽都具有展现这些品质的自然禀赋，然而，若没有理性的话，它们明显就会成为有害的。我们似乎看过太多这种情形了。一个人可能被它们引上歧途，就像一具强壮的身体一样，如果他缺乏视觉，那他很容易就会因为看不见而步履踉跄；然而，一个人一旦获得理性，他就能令他的行动有所不同，而他的（品性）状态，虽然跟过去变化不大，但也将会成为严格意义上的德性。

因而，正如在我们能形成意见的那部分灵魂中，有两种状态，聪明与实践智慧，同样，在我们道德的部分，也有两种状态，此即自然德性与严格意义上的德性，就这二者而言，后者还牵涉到实践智慧。

这就是为何有人会说，所有的德性都是实践智慧的某种形式。这也是为何苏格拉底，一方面走的是正道，而在另一方面来说，他又走上了邪路。此即当他认为所有的德性都是某种形式的实践智慧的时候，他完全错了，但是，当他说它们蕴含着实践智慧的时候，他又是对的。

这一点已经由事实得到了确证，此即所有的人，在他们界定德性的时候，当他们对品性的状态进行了命名并且指出了其对象是什么之后，还要再加上一句："那一状态乃是与正确的理性相一致的。"而这个正确的理性，正是与实践智慧相一致的理性。不知怎的，所有的人似乎都觉悟到了，这样一种状态，也即与实践智慧相一致的状态，就是德性。

但是，我们还必须再前进一步。因为，德性不仅仅是与正确的理性原则相一致的状态，它本身就蕴含了正确的理性原则。而在道德事务方面，这个正确的理性原则正是实践智慧。苏格拉底认为德性就是理性或者理性原则（因为他曾认为，所有的德性都是某种形式的科学知识），然而，我们则认为，它们只是蕴含了一个理性原则。

从我们所说的来看，很清楚，若没有实践智慧的话，一个人不可能在严格的意义上是善的。然而，若没有道德德性的话，一个人也不可能有实践方面的智慧。

以这样一种方式，我们也能驳斥某些人以辩证法的形式提出的论证。

这一论证声称，诸种德性是各自独立存在的；它可能会说，一个人并不是天生就配备有所有这些德性的，不然他不会总要在已经获得一种德性之后才能获得另外一种。

就自然德性而论，这是可能的，然而，就那些令一个人得以被称为在绝对的意义上是善的德性而论，这乃是不可能的。因为，一旦有一种品质，也即实践智慧，在他身上呈现出来，所有的德性也便会一起呈现出来。

很显然，哪怕实践智慧并没有实际的用处，我们也会需要它，因为它就是我们灵魂这一部分的德性。同样明显的是，若没有实践智慧（光有德性）的话，我们的选择也不会比在没有德性的时候更正确。因为，这二者中的一个为我们设定了鹄的，而另外一个则推动我们朝着那一鹄的去行动。

然而，这并非是说，实践智慧要比哲学智慧，也即我们灵魂中最为优越的那部分要更为优越，正如医药的技艺并不比健康本身更优越一样。因为，医药技艺并不利用健康，而是为健康的生成提供保障；它也会为了健康而开出药方，但不是给健康开药方。进一步而言，如果非得坚持实践智慧的优越性的话，那无异于说连诸神都得受政治技艺的统治了，既然政治技艺对于国家之中的所有事务（包括宗教事务）都能发布命令。

V

德性生活之枢机：自制

关于自制与不自制的流行意见

有三种品性之状态是我们必须避免的：恶习、不自制以及野蛮。其中二者的反面是很明显的，一个我们称作德性，另一个我们称作自制；而野蛮的相反者，最为合适的说法大概是超人的德性，也即一种为英雄或者神所拥有的德性，正如荷马诗中所载，在称赞赫克托尔是个非常良善的人时，普利阿摩斯说：

因为他似乎不是一个凡人的孩子，

而是来自上神（God）的一颗种子。

因而，正如他们所说，如果人会因为德性丰溢而变成神，则这种丰溢的状态必定就是一种与粗蛮之状态正相对立的状态；因为，一个野蛮的人是无所谓恶习或德性的，而一位神也是如此；只是，神的状态要高于德性，而一个野蛮人的状态则是与恶习不同的一种状态。

然而，既然我们很难找到一个如神般的人（这是斯巴达人的惯用语，当他们特别崇敬一个人的时候，就会把那个人称作"神一般的人"），我们也很难找到野蛮类型的人。野蛮的人主要存在于那些蛮族①当中,然而,疾病或者畸形也会导致某些野蛮的品质;对于那些在恶习方面超过了常人的人,我们也以这个恶名来称呼他们。

但是,对于这种倾向,让我们稍后再谈。方才,我们已经提到了几种恶习,现在,我们必须先来讨论一下不自制、软弱和柔弱,以及自制和坚忍。我们一定不要将这两组范畴同德性或者恶习等同起来,也不要假定它们分属不同的属类。

人们都将自制与坚忍视为善的且值得赞扬之事,把不自制与软弱视为坏的且值得谴责之事。

人们也常认为,一个人若是自制的,那么他也会随时准备按照他计算的结果去行动;如果一个人是不自制的,他便会随时准备着抛弃那些结果。不自制的人知道他的作为是坏的,他却仍然那么做,这就是由激情造成的,而自制的人知道他的欲好是坏的,基于他的理性原则,他会拒绝遵从那些欲好。

很多人都认为,节制的人是自制的,而且倾向于去忍耐。只是,有些人认为,一个人只要拥有自制与忍耐,那么他就是节制的,有些人则不这么认为。

另外,有些人将自我放纵的人称为不自制的,将不自制

---

① 在古希腊,人们用这个词来指那些不讲希腊语并遵循希腊风俗的民族。

的人称为自我放纵的,对它们没什么区分,然而,另外一些人则区分了这两种类型。

有时候,他们会说,具备实践智慧的人不可能是不自制的,然而,另外一些时候,他们又说,在实践方面智慧而聪明的人是不自制的。

此外,人们也常被说成是在脾气、雄心以及求取方面不自制的。

这些,就是人们常常持有的看法。

无知并不是不自制的借口

现在，我们可以问：一个拥有正确判断的人如何可能在行为上不自制呢？

有些人说，这是不可能的，因为，若他拥有知识，他就应该相应地来行动。苏格拉底本人就是完全反对该说法的，他认为，根本没有不自制这回事情。按他所说，任何一个对事情有判断的人，都不可能逆着他最好的那个判断来行事，如果人们这么做了，那一定是出于无知。然而，苏格拉底的这种看法很显然是与我们所观察到的事实相悖的。

现在，我们就有必要来考察一下，在这样一个人身上究竟发生了什么。如果他是因为无知才这么做的，那么，他的无知又是怎样的无知呢？

……

我们以这样的问题来开始我们的考察：自制的人与不自制的人到底是由他们的对象来区分的，还是由他们的态度来区分的，换言之，不自制的人之所以是不自制的，到底是因为他关心如此这般的对象呢，还是因为他的态度，或者，是同时因为这二者呢？第二个问题是，不自制与自制是否是与任意一个且每一个对象都相关的呢？

在绝对的意义上不自制的人并不与任意的且每一对象都相关，而是只与自我放纵的人所关切的那些对象相关。而且，他之所以被称作不自制的，也不仅仅是因为与这些对象相关（否则的话，他的状态与自我放纵就没有什么区别了），而且是因为他以一种特定的方式与这些对象相关联。

因为，自我放纵的人总是受他自己的选择牵引，认为他应该无止境地去追求眼前的快乐，而不自制的人虽然不这么想，却仍然要去追求它。

若说在不自制地施为时，我们所违抗的并不是知识，而是正确的意见，这也不会让我们的论证有什么不同。

有一些人，对于坚持某个意见不会有任何的犹豫，也深信他们已拥有了精确的知识。因此，如果说那些只拥有意见的人之所以要比那些真正有知识的人更容易逆着正确的观念行事，只是因为他们对自己信念的确信度比较弱的话，那知识和意见就没什么区分了。因为，有些人对于他们所拥有的意见的信心，一点儿也不比另外一些人对自己所拥有的知识的信心少。于此，赫拉克利特就是一个典型的例子。

然而，我们常常在两种意义上使用"知道"这个词，也即有知识却不用的人与有知识而且使用知识的人都可以被说成是"知道"某事的。

既然如此，那么，当一个人做了他不应该做的事情时，就有必要区分他具备相关的知识却并没使用它和他具备了相关的知识而且使用了它这两种情况。后者看起来有些不同寻常，而前者却很常见。

……

再进一步而言，在我们刚刚说过的方式之外，人们也可能附带地在另外一种不同的意义上拥有知识，因为，在拥有知识却没有使用它这一情形当中，我们发觉了一种状态的差异。它也有可能是这种情况，即虽然他在一个意义上拥有知识，然而在当下并不真正拥有那知识，比如，当这个人睡着了、疯了或者喝醉了的时候。然而，这仅仅是人在激情的影响之下所处的条件，因为，很明显，愤怒的爆发、性欲的炽盛以及其他这类激情都会切实地改变我们身体的条件，甚至会导致一些人发起疯来。

这么说来，显然，不自制的人必可以被说成是处在一种类似于沉睡、疯癫或者醉酒的条件之中的。

……

再者，我们也可以参照与人性有关的一些事实来寻找那个原因。一种信念是普遍的，另外一种信念则与特殊的事实相关，而特殊事实正是知觉的专门对象。

当某个单个的意见来自这二者的结合时，在一类场合下，我们的灵魂必会确证其结论，而在另一种场合，也即当意见与造作①相关的时候，我们的灵魂则必会立即活动起来。

比如，当一个人心里想，"每一样甜的东西都应该尝尝"，而且，"这个东西是甜的"（在它是那些特殊的甜的东西中的一个这一意义上讲），此时，若这个人能够行动并且没有受到阻止的话，他就必定在同时就切实地做出了相应的动作。进而，当我们心中呈现的某个普遍意见禁止我们去品尝那个东西，而且我们心中仍有"每一样甜的东西都是令人心怡的"以及"这个东西是甜的"（此时，这个意见就是那个活跃的意见）这样的信念的时候，并且，当欲望恰巧呈现在我们心中时，一个意见会吩咐我们避开那个对象，但欲望又将我们推向那个对象（因为欲望能够推动我们身体的每一部分）。

这样一来，一个理性规则和一个意见就以某种方式促成了我们不自制的施为。而且，此时，那个意见对于正确的理性的违背纯属恰巧，它本身并不是与正确的理性相违背的，因为，与那个正确的规则相违背的，乃是我们的欲望而非

---

① 造作（produce），亚里士多德的这个词不仅指一般的制成实物产品的过程，也指造成某个结果（成果）的活动，比如，写一首诗也是 produce。

意见。

由此也可以推导，这就是低等动物谈不上什么不自制的原因，也即因为它们不具备普遍的判断，只有对于特殊之物的印象和记忆。

要怎样才能消除那些不自制的人的无知，令他们重获知识，这个问题的答案其实也可运用到醉酒或沉睡的人身上。关于这一点，还是让科学家们来告诉我们吧。

不自制的两种情况

很显然，不管是自制的人、坚忍的人，还是不自制的人、软弱的人，都关系到快乐和痛苦。

论到能产生快乐的事情，有些是必须的，有些则是虽然本身值得选择然而却可能选择过度的。给我们带来快乐的肉体方面的原因就是必须的，这里，我指的是与食物、性有关的那些事情，也即我们在界定自我放纵和节制时所关切到的那些肉体方面的事务。而另外一些则是非必要的，但它们本身也是值得选择的，比如胜利、荣耀、财富以及其他诸如此类的善且宜人的事情。

如果人们在这些事情（后面那些事情）上追求得过分了，违反了他们自身之中的那一正确的规则（理性），那么，他们就不仅仅要被称为"不自制的"，而且必须加上限定，也即"在金钱、利益、荣耀或者愤怒方面不自制的"。

他们之所以并不是纯粹的不自制的，乃是因为他们实际上与不自制的人并不相同，他们之被称为不自制的，仅仅是出于一种相似性。

于此，我们可以想想安托罗波[①]的例子。这个人曾经在奥林匹克运动会上赢得一次比赛。在他的这一例子中，固然，我们对于人的普遍定义与对他进行的特殊定义差别很小，然而，这二者还是不同的。

这一点也有事实可证。此即绝对的不自制或者对于某种特殊的肉体快乐的不自制都要受到谴责，因为它们不仅是一种过错，而且是一种恶习，然而，在另外一些特殊的方面不自制的人却不会受到这样的非议。

我们说，节制的人与自我放纵的人都关涉到肉体上的享乐。那么，论到在这些享乐上不自制的人们，我们可以说，如果他追求过度的快乐之事，同时，对那些痛苦之事，比如饥饿、干渴、热、冷，以及所有的这类与触觉和味觉相关的对象，他又唯恐避之不及，而且，他之所以这么做，也不是经由选择，而是违背他的选择以及他的判断而行的，那么，他就要被称作不自制的人。而且，他的不自制还不带有"在这方面或那方面"这一限定，比如，不是在愤怒方面不自制的，

[①] 安托罗波（Anthropos），古希腊的一位运动员，据说曾于公元前456年赢得奥林匹克运动会的拳击比赛。"安托罗波"这个名字，在希腊文里的本意是"人"。亚里士多德在此举这个例子，是想玩点幽默。因为，说"安托罗波赢得了拳击比赛"听起来就像"人赢得了拳击比赛"，然而，安托罗波实际上只是个个体的人，而"人"却是一个普遍的种，二者是不同的。

而是纯粹的。

这一点也是有事实可以确证的，此即人们会在这些快乐方面被称作"软弱",然而却不会在别的什么事情上被称作软弱。

也正是因此，我们把不自制的人和自我放纵的人归为一组，把自制的人和节制的人也归为一组，而不是把其他什么类型的人与他们归为一组。因为，他们都是与相同的快乐以及痛苦相关的。然而，尽管他们都与相同的对象相关，方式却不尽相同，他们有些是做了一种深思熟虑的选择的，另外一些则没有。

这便是为什么,如果一个人对于过度(的快乐)并无欲好，或者只有一点儿较柔和的欲好，却仍然去追求它们，并且连较温和的痛苦都加以躲避，那我们就会说他要比一个出于强烈的欲好才这么做的人更为放纵。因为，当前者因为缺乏那些"必须的"对象而发展出一种强烈的欲好并感到暴虐的痛苦的时候，他又会做些什么呢？

有些令人快乐的事情天然地是值得我们选择的，有些则不是，还有一些则处在二者之间,正如我们前面所区分的那样。如此说来，有些在类别上属于高贵且良善之事的东西，比如，财富、利益、胜利、荣耀等，也是欲望的对象和快乐的源泉。

在所有的这些事情，或者说中间类型的事情上，人们之所以会受到谴责，并不是因为受到了它们的影响，或者因为欲求、爱慕它们，而是因为他们是以一种特定的方式，也即过度的方式来爱慕它们的。

对于这类本性高贵且良善的事情，确乎有些人会逆着理性来屈从于它们或热切追求它们。比如，那些对于荣耀孜孜以求，乃至超过了应有之程度的人，或者为孩子和父母事事操劳的人，皆是如此。

但他们并不是邪恶的。因为，这些对象本是善的，而为这些对象操劳忙碌的人事实上也常受人赞扬。然而，即便是在这些对象上，也存在着一种过度的情况。比如，如果一个人如尼俄柏[1]一般热爱荣耀，甚至不惜与诸神作战，或者如绰号"孝子"实则完全是愚孝的萨特鲁斯[2]一样竭力服侍其父亲，那就叫做得过度了。

不会有什么邪恶是与这些对象相关的，其理由，我们已经说了，就在于它们之中的每一个，凭其本性而言，皆是一件值得为了其自身去选择的东西。然而，与它们相关的过度

---

[1] 尼俄柏，古希腊神话人物，极为高傲，也极热爱荣耀，她生养众多，有六个儿子和六个女儿，并因此在只生下了两个儿子的女神勒托（宙斯之妻）面前夸耀，直至激起了勒托的嫉恨，勒托遂遣其两个儿子射杀了尼俄柏所有的孩子。后来，尼俄柏因巨大的丧子之痛而日夜流泪，终化作一座流泪的石像。

[2] 萨特鲁斯，希腊神话中的半羊人，森林精灵。据说，他在听闻其父亲的死讯后便自杀了。

却不是什么好事，仍然是我们要避免的。

同样，也没有什么不自制是与它们相关的，因为，不自制不仅仅是要避免的，也是一件值得谴责的事情。然而，因为在情感状态上的一种相似性，人们也采用"不自制"的说法来称呼在这些事上的过度，并在每一例子中都加上了限定来表明是哪一方面的不自制。这就好比，我们也可能将一个人描述为孬医生或者坏演员，尽管我们不应该将他们称作绝对坏的人。

这么说来，正如在这个例子中一样，我们并不是不加限定地来使用这一术语的，因为，这些状态中的每一种本身都不是一种恶，只是类似于一种恶而已，它们不能被描述为绝对的坏的。

同样，很清楚，我们也应该将不自制和自制看作与节制和自我放纵具有相同对象的状态。然而，在我们将这两个术语用于愤怒的时候，仅仅是出于一种相似性。这就是为什么我们在谈起愤怒不已的人的时候，总要加一个限定，说他"在愤怒方面缺乏自制"，正如说一个人"在荣耀方面缺乏自制"或者"在利益方面缺乏自制"一样。

野蛮与病态造成的不自制

有些东西本性就是可悦的，就这些东西来讲，其中有些是绝对的可悦的，另外一些则是对于某些特殊的种类（要么是某种动物，要么是人类）来说是可悦的。然而，还有一些东西，本不是天然可悦的，然而却可以变成（对某些人来说）可悦的，这要么因为（这些人的）残疾，要么因为他们后天获得的习性，要么因为他们本来就坏的天性。

在后面这一类东西上，我们也可能发现一些品性状态，它们与我们在前者的层面所发现的那些品性状态相似。

我指的首先就是那些野蛮的状态。比如，据人们讲，有些女性喜欢剖开孕妇的肚子，然后津津有味地吞食肚中的婴儿；也听说，黑海的有些野人部落喜食生肉或者人肉，甚至还易子而食；而法拉里斯①的故事也是这般说的。

这些状态都是野蛮。然而，有些野蛮却是因为疾病或者

---

① 法拉里斯，西西里的第一位僭主，古希腊出名的暴君，行事残暴野蛮，据说喜食人肉，尤其是婴儿。

疯癫导致的。比如，有个人据说就献祭并吞食了他的母亲；还有个奴隶，听说也吃掉了跟他一伙的奴隶的肝。还有一些是因生活习惯而造成的病态，比如，拔头发或者咬指甲，乃至吃煤或吃土的习性，另外还有鸡奸等。他们中的有些人是天生如此的，而另外一些，则是习惯使然，比如，那些自小就受到性虐待的人就会如此。

如果这些状态是天性造成的，那这种人不能被称作不自制的，这就如同在房事中总处于被动的女人不能被称作不节制的一样。同样，这个术语也不能运用到那些因为习性而造成一种病态处境的人身上。

这么说来，若拥有这些状态中的哪一种，那也不能被称作恶习，正如野蛮一样。对于一个任凭这些习性来宰制或者已经受到它们宰制的人来说，这已不是单纯的自制或不自制的问题。如果是的话，那也是在类比意义上说的，这就好比，一个因为易怒而处在这种条件下的人只能被称作在愤怒方面不自制的，而不能被称作绝对不自制的。

每一种过度状态，无论是愚痴、怯懦、自我放纵还是坏脾气，都要么是野蛮要么是病态。

一个人若天生就胆小，甚至连老鼠的吱吱声都害怕，那他的怯懦就是种野蛮的怯懦。然而，这个人也可能是因为疾病而害怕黄鼠狼。

有些愚蠢的人，天生就缺乏理性，仅仅由着感官来活，那他们也就是野蛮的，就像远方的那些蛮族一样。然而，那些因为疾病（比如癫痫）或者疯癫才变成这样的人，则是病态的。

有时候，一个人完全可能拥有这些状态却不被它们所宰制。比如，在法拉里斯想吃一个小孩的肉，或者对于一种变态的性快感饥渴难耐的时候，他完全可能约束住自己。只是，有时候，一个人也完全有可能不只是拥有那些感受，还彻底为它们所宰制。

有一种邪恶是属人的，这就被称作绝对的邪恶，而另外一些类型的邪恶则不是绝对的，要加上"野蛮的"或者"病态的"这样的限定才行。同样，很清楚，有些不自制是野蛮的，有些不自制是病态的，然而，只有与人类的自我放纵倾向相对应的那种不自制才是绝对的不自制。

愤怒方面的不自制

比起欲望方面的不自制，愤怒方面的不自制没有那么不光彩，这是我们在下面将要讨论的。

愤怒似乎在某种程度上也会倾听理性的劝说，但听了也是白听。它就像急性子的奴仆，还没听主人说完，就已经急匆匆奔出门去忙乱一番了，实际却根本完不成主人的命令。或者说，它就像狗，一听到敲门声就吠了起来，根本不管来的人到底是不是朋友。

这么看来，因为其火热而仓促的本性，愤怒尽管会听见一个（来自理性的）命令，却并不会听从这个命令，还急于报复。

因为，当理性或心里的推想告诉我们，我们已经被人侮辱了或者被轻视了时，愤怒好似要先做一番推理，告诉我们碰到这样的情况我们都必须直接打回去，然后才会暴躁起来。而我们的欲望则是，一旦理性或者感知告诉我们有一个对象是可悦的，那它就会即刻冲向前去享受。

因此，愤怒在某个意义上是遵从理性的，而欲望则不是如此。也正因此，欲望要比愤怒更不光彩。因为，在愤怒方面不自制的人，在我们方才说的那个意义上讲来，毕竟是被理性征服过的，然而，另外一种情况下的人乃是被欲望而非理性所征服的。

再者，我们更容易原谅那些遵从自然欲求的人，既然我们更倾向于原谅那些不过是遵循了为所有人所共有的欲望的人。而我们之所以原谅他们，就是因为考虑到那些欲望是人所共有的。然而，愤怒与坏脾气就要比对于过度之物的欲望，也即对非必须之对象的欲望更为自然。

举个例子，一个男人因打了他老父亲而被控告，那么，他就可以为自己辩护说："是的，我是打了我老子，但我老子也打过他的老子，而他的老子又打过他的老子的老子。"同时，他还指向他的孩子说："而且，等这小子成为一个男人，他也会来打我，看，这就是我们家族流传下来的传统。"

再举个例子，一个男人被他儿子拽着要甩出家门，被拽到门口的时候，他会要求他儿子停下来，其原因可能就是，在过去，他也那样拽过他自己的爸爸，但他也只是拽到门口就停下来了。

进一步而言，更倾向于对别人耍阴谋诡计的人也是更不义的。一个富有激情的人并不太会玩阴谋诡计，而作为激情的愤怒也是这样——它是无遮掩的，光明正大的。然而，欲望的本性却如同诗人所描述的阿弗洛狄特一般——"塞浦路斯的诡计多端的女儿"。用荷马在描述她的"绣花腰带"时的话说就是：

> 那里有求欢的贴耳低语，
>
> 那低语能偷走智慧者的智慧，令他失去审慎精明。①

因此如果这种形式的不自制比愤怒方面的不自制更是不义、更不光彩的话，它就不仅是绝对的不自制，也在这一意义上是种恶习。

再说了，当带着淫乱之暴虐行事的时候，没有人会感到痛苦，事实上，他反而会感到快乐；然而，任何人在愤怒行事的时候，都是带着痛苦的。因此如果更不正当的行为就是些更令人生气的行为的话，那么，因为欲望而导致的不节制就是更不正当的，既然愤怒之中并不包括什么因为淫心顿起而致的暴虐。

如此看来，很清楚，与欲望有关的不自制要比愤怒方面的不自制更不光彩，而且，自制与不自制都与身体的欲望和快乐相关。但是，我们也必须看到后面二者所牵涉到的区别。

因为，正如我们在一开始就说过的，有一些欲望与快乐，不管就类别讲还是就重要性讲，都是属人的且自然的；而另

---

① 出自《伊利亚特》。在此处，荷马说到，赫拉为了赢得宙斯的宠幸而求助于爱与美之神阿弗洛狄特，阿弗洛狄特解下了她的彩色绣花腰带赠予赫拉，并告诉赫拉，此腰带有魔法，可以令人受迷惑并受情欲控制。

外一些则是野蛮的，还有一些则要归因于器质性的损害和疾病。只有跟第一种相关时，才谈得上有所谓的节制和自我放纵。这便是为何我们既不把低等动物称作节制的，也不把它们称作自我放纵的，除非有一种动物在整体而言，要比另外一种动物淫欲更盛，破坏性更强，口腹之欲也更为贪婪，我们才会用这样的词来比附它们。这些动物虽然没有选择或者计算的能力，它们却偏离了自然法则，正像人之中的那些疯子一样。

野蛮并没有恶习那么坏，尽管它更令人触目惊心。因为，野蛮并不是出于我们人之中的那个高级部分（理性）的败坏，而是出于它的缺席。这就像比较一个无生命的东西跟一个有生命的东西哪个品质更坏一样。因为，那个没有什么第一性的原则来推动的东西，其坏处总是更少危害性的，而理性正是我们身上的第一性的原则。因而，这就像把抽象意义上的不正义同一个不正义的人放在一起做比较一样，这二者都可以在某个特定的意义上来说是更坏的，一个坏人做的坏事会比一只禽兽做的坏事多上成千上万倍。

两种类型的不自制：急躁与意志薄弱

自制与不自制关系到从触觉和味觉生发出来的快乐、痛苦、欲望和憎恶，而它们也是我们在前面所说的自我放纵和节制的对象。

在处于这些状态的时候，有些人甚至会为大多数人都能驾驭的那些激情所击败，但有些人则可能连那些把大多数人都打败了的激情都驾驭得了。就这些可能性而言，与快乐相关的是不自制和自制，与痛苦相关的则是软弱和坚忍。大多数人则处于中间地带，即便他们更倾向于较坏的那些状态。

我们说，有些快乐是必须的，有些不是必须的，而且，就前者来说，只要超过一点点，它们就不再是必须的，同样，如果缺乏一点，它们也不是必须的。就诸种欲望和痛苦来说，这也是对的。

既然如此，那么我们说，一个人倘若追求过度的快乐之事，或者追求超出必须的一些对象，而且，他这么做的时候，还是经由选择的，为了那些东西自身，而且根本没有考虑它们之外的任何结果，则这个人就是自我放纵的。因为，这样一个人必定不会轻易为之忏悔，因而他也便是无药可救的，一个不可能悔恨的人定是个不可能被治愈的人。

对它们追求不够的人是自我放纵之人的反面，而居间的人则是节制的。

同样，也有一些人，在他们逃避肉体上的痛苦的时候，不是因为他被那些痛苦所击垮，而是经由选择才这么做的。就那些没有经选择便实施了这些行为的人而论，其中的有一类乃是因为其中所包含的快乐而被牵引至它们的，另外一类之所以被引导至它们，则是为了纾解从欲望生发的痛苦。故此，这些类型之间实际上也是有分别的。

如果一个人不是出于任何的欲望，或者只是出于很微弱的欲望便做了某件不光彩的事情，则任何人都会认为他要比那些因为强烈欲望的影响而这么做的人更糟糕。如果一个人不是因为愤怒才拳打对手，那他也会被认为要比那出于愤怒这么做的人更糟糕，因为，如果他已经受到了欲望或愤怒的强烈影响，他还能做些什么呢？这就是为什么我们说自我放纵的人要比不自制的人更糟糕。

那么，就我们上面列出的这些状态而论，后者更毋宁说是一种软弱，而前者则是自我放纵。

不自制的人与自制的人是相对立的，而软弱的人则是与坚忍的人相对立的。因为，坚忍在于某种抵制，而自制则在于某种克服,然而,抵制与克服是不同的,正如不挨打并不等同于胜利。这就是为什么自制要比坚忍更值得选择。

如果一个人对于大多数人都能抵制而且能成功抵制的事情缺少抵抗力的话,那么他就是软弱的,而且是阴柔的。因为,阴柔也是一种软弱。这样的人总是把他的斗篷拖在地上,不过是为了可以不用因把它举着而受累。这种人也总是装出一副悲惨的样子,殊不知他自己真的很可悲,因为他只是在扮演那些可悲的人而已。

论到自制与不自制,情况也是一样。如果一个人被暴虐且过度的快乐或痛苦所击倒,那也一点儿不奇怪。事实上,如果他曾经努力做过抵抗的话,我们倒会原谅他,正如西奥德克特斯[①]笔下的菲洛克忒特斯在要被大蛇吞掉时所做的一样,或者像小卡西努斯[②]所撰的《阿罗佩》中的克尔基翁一样,或者像先竭力忍住笑声然后才爆发出哈哈大笑的人们一样,克塞诺凡图斯[③]就曾遇到过这种事情。

然而,如果一个人被大多数人都能抵抗住的快乐或痛苦

---

① 西奥德克特斯,古希腊诗人、演说家和修辞学家,吕西昂人,主要活动于雅典,其作品虽已不传,但据说对亚里士多德影响较大。

② 小卡西努斯,古希腊悲剧诗人,其作品经常为亚里士多德所引用。在他的笔下,克尔基翁曾经为受到了自己女儿的引诱而感到非常沮丧。

③ 克塞诺凡图斯,亚历山大大帝的宫廷乐师。

所击倒，还毫无抵抗之力，特别是，他之所以不能抵抗，还既不能归因于遗传也不能归因于疾病的时候，那倒真是令人奇怪了。要知道，有的软弱原是遗传性的，比如，斯基泰人的国王们的软弱；而有的软弱则是天生的，比如，能将女人从男人区分开来的那种软弱。

热爱娱乐的人也常被认为是自我放纵的，但实际上只是软弱的。因为，娱乐属于一种消遣放松，它意味着工作的止息。然而，热爱娱乐的人则是在这方面玩得太过度的人。

就不自制而论，一种类型是急躁，另一种类型则是意志薄弱。因为，意志薄弱的人也会权衡，只是，因为他们情绪的影响，他们常常不能坚持他们权衡得出的结论罢了。而急躁的人则完全受他们情绪的影响，根本不做任何权衡。

有些人（比如，那些第一次挠别人痒痒而自己则从未被挠过痒痒的人），如果他们有了第一次感知，明白了将要发生的事情，而且，也破天荒地"唤醒"了他们自己以及他们的计算官能（理性），那么他们就不会被他们的情绪所挫败，无论他们第一次经历的那件事情是快乐的还是痛苦的。

只有激情四溢的、易激动的人才特别易受急躁这种形式的不自制的折磨。因为，易激动的人什么事都容易上情绪，而激情四溢的人，他们的激情又总是太强烈，这都会导致他们根本没耐心等候理性的决定，他们只会跟随他们的心理印象。

不自制尚有救，自我放纵就没救了

如我们所说，自我放纵的人，是不太会后悔的，因为他总是执着于他的选择；然而，不自制的人却很容易后悔。故此，自我放纵的人是不可救药的，而不自制的人则是可以医治的。因为，邪恶就像一种疾病，比如浮肿病或者肺痨，而不自制更像癫痫；前者是永久的坏的，后者则是间歇性的坏的。

大体上说来，不自制与恶习在类别上是不同的。恶习对其自身并不会有什么意识，而不自制则不是这样，那些不自制的人尽管会时不时地"放飞"自我，但也比那些本来有理性规则却不遵守的人要强。

因为，后者经常被一种较弱的激情所俘获，而且在行动的时候，也并不像前者那样是未经慎思权衡的。不自制的人就像不胜酒力的人，一点点酒，也即比大多数人酒量都少的酒，就可以让他很快醉去。

这么说来，很明显，不自制并不是邪恶，尽管在一种限定的意义上，它或许也可被称为邪恶。因为，不自制是与理性的选择相反的，而邪恶则是依照选择来进行的；只是，在

它们所导向的行动方面,这二者却是相似的。正如德莫多库斯[①]在论到米利都人时所说的一样:

> 米利都人并不算笨,但是他们所做的事
> 跟笨蛋也没什么差别。

因而,不自制的人也并非是邪恶的,他们却会实施邪恶的行为。

现在我们说,不自制的人倾向于去追求过度的且与理性相违背的快乐,但并不是基于确信而这么做的,然而,自我放纵的人则是基于确信才这么做的,因为他就是那种喜欢追求那种快乐的人。既然如此,那么,相应地,前者也更容易被说服以至改变他的想法,而后者则完全不行。

分别说来,德性和恶习,一个是保护第一原则(理性)的,另一个则是摧毁它的。而在行动而言,其最终原因就是第一原则,正如理论假说是数学的第一原则一样。在数学中,第一原则并不是由理性论证来教导的,在行动之中,情况也是一样。在行动之中,将关于第一原则的正确意见教导给我们的,毋宁说是德性,要么天生就有要么凭习性而获得的德性。一个人若能做到这般,那他就是节制的,他的对立面也即那些自我放纵的人。

---

① 德莫多库斯,古希腊一位善于写作讽刺警句的作家。

然而，还存在一种人，他们总是出于激情行事，而且与正确的理性相悖，这样的一个人，总是受着激情的宰制，以至于不能够按照正确的理性规则来行事。但是，他受激情宰制的程度，也还远未到足以令他随时随地都相信他应该纵情于这些快乐的地步。

这种人就是不自制的人，他不仅要比自我放纵的人要好，也不是绝对的坏的。因为，在他看来，最好的那件事情，也即第一原则，仍然是遗存的。然而，另外一种人却是与之相反的，他常常坚持他所确信的事情，不会去随意施作，至少不会出于激情而行事。这么看来，很明显，后面那种能自控的人是好的，而前面那种则是坏的。

自制不是固执

有些人倾向于坚持他们的意见，这样的人我们叫作"固执的"，也即他们很难在第一时间听人劝说，也很难被说服以至改变。

他们身上有些特质与自制的人非常像，正如挥霍浪费的人也以某种方式相像于大方的人一样，或者如草率鲁莽的人以某种方式与自负的人相似一样。但是，他们与自制的人在很多方面都是不尽相同的。因为，自制的人不会屈服于激情与欲望，然而，固执的人在面临这样的场合的时候，则很容易被劝服。固执的人所拒绝屈服的，只是理性的论证，因为他们所形成的欲望大部分都是由他们的快乐来指引的。

固执的人就是冥顽不灵的、无知的而且粗蛮的。说他们是冥顽不灵的，乃是因为他们总是受快乐和痛苦的影响。如果他们没有被劝服以至发生改变，他们甚至会为他们获得的这种"胜利"而欢欣不已。如果他们的决定最终是竹篮打水，正如法令有时候会落得的下场一样，他们就会为之而痛苦。因而，他们更像是不自制的人而非是自制的人。

然而，还有一些人，他们也未能坚守他们的决定，但不是因为不自制，就像索福克勒斯①的《斐洛克忒忒斯》中描写的涅俄普托勒摩斯一样。然而，涅俄普托勒摩斯之所以未能稳固地坚守他的决定，却是为了快乐，但这种快乐是一种高贵的快乐，对他来说，讲真话是高贵的。只是，他却被奥德修斯说服去撒谎。

一个人若做每一件事情都是为了快乐，那也不能说明他是自我放纵的、败坏的或不自制的，只有当他做每一件事都是为了一种不光彩的快乐时，他才是如此。

还有一种人，在与肉体相关的事情上，他们所寻求的快乐比他们本来应该寻求的还要少，而且，他们也不遵循理性规则。自制的人就是相对于这种人和不自制的人来说的中间状态。

因为，不自制的人之所以未能坚守理性规则，乃是因为他在那些事情上得到的快乐太富余了，而这种人之所以未能坚守，则是因为在那些事情上得到的快乐太贫乏了。只有自制的人才坚守理性规则，且不会基于前面二者的任何一种理由而改变。

---

① 索福克勒斯，古希腊三大悲剧作家之一，代表作有《安提戈涅》《俄狄浦斯王》等。

现在，如果自制是好的，则与之相反的那两种状态就必定是坏的，正如它们实际上看起来那样。只是，我们很少看见有什么人会走向另外那个极端（追求较少的快乐），所以，我们往往只把自制当作不自制的反面，正如把节制视为自我放纵的反面一样。

既然许多名目都是类比地运用的，那么，当我们把节制的人讲成"自制的"时候，也是在类比的意义上讲的。因为，不管是自制的人还是节制的人，都不会为了肉体的快乐而违背理性规则行事。但是，前者常常有一些坏的欲望，而后者则是没有的。而且，后者不会去感受任何与理性规则相悖的快乐，而前者却会去感受这种快乐，只是不会被这种快乐所牵制而已。

不自制的人与自我放纵的人也彼此相像。他们当然也不同。两种人都对肉体上的快乐孜孜以求，只不过，后者在追求这些肉体快乐的时候，还会认为他应该这么去做，而前者则不抱有这种想法。

有实践智慧的人不可能不自制

拥有实践智慧的人不可能是不自制的,因为,我们之前已经表明,一个在实践方面有智慧的人同时也就是在品性上良善的人。再说了,一个人之所以有实践智慧,也不仅仅是因为他知道什么才是正确的选择,也是因为他能够那样去行动。然而,不自制的人却不能够去施行正确的选择。

(无论如何,没有什么可以阻止一个聪明人变成一个不自制的人,这便是为何有时候,人们确实会认为有些人虽然有实践智慧却也不自制。这也就是因为,正如在我们最开始所说的,聪明和实践智慧在某些方面是不同的,也即虽然这二者在理性推理方面来说是类似的,然而,在它们的目标,也即选择来说却是不同的。)

不自制的人与那种知道很多事情而且沉思着真理的人也颇不相似,然而,跟那些沉睡或者醉酒的人,他们倒颇为相似。而且,他的行动都是自愿的(因为,在一种意义上,当他行动之时,他对于他所做的事情以及那件事情要达到的目的都是有认知的),却并非邪恶的,他的目标是良善的。

故此，这种人是亦正亦邪的。此外，他也不是一个罪犯，因为他并不是蓄意作恶的。就前面讲过的两种不自制的人来说，一种并不坚持他的权衡所得出的结论，而另外一种，也即易激动的人，则根本不做什么权衡。

因而，不自制的人就像这样一个城邦，它通过了一切正确的法令，也拥有良善的法律，却并不运用它们，正如阿纳克桑德里德斯[1]的笑话所说的一样："这个城邦也很想有法律啊，只是它不在乎而已。"然而，邪恶的人则像一个使用法律的城邦，只不过，它所使用的法律全都是恶法。

与不自制和自制相关的，都是些超常规的品性状态。自制的人要比大多数人都能坚守他的理性决定，而不自制的人则比大多数人都不能坚守决定。

论到不自制的两种形式，比起那些做了权衡却不能坚守决定的人，易激动兴奋的人反倒更容易被治愈。同样，比起那些天生不自制的人来说，因为习惯使然而不自制的人也更容易被治愈，因为，改变一个人的习性总比改变一个人的天性要容易些。然而，即便是习性，也是很难改变的，因为，

---

[1] 阿纳克桑德里德斯，生活于公元前4世纪的古希腊喜剧诗人，在雅典声誉颇隆。

习性到头来会变得跟天性差不多,正如优厄洛斯[①]所说的一样:

> 朋友,要我说啊,习惯不过是长期的实践,
> 最终,它还会成为自然。

---

① 优厄洛斯,生活于公元前5世纪的修辞学家,智者,出生于帕罗。

VI

幸福之巅峰:理性沉思

人的最高幸福在于理性沉思

如果幸福就是与德性相一致的活动,那么,这一说法也就是合理的:它应该与最高的德性相一致。这个最高的德性,也便是我们身上最好的那件事情。

无论这件事情是理性还是我们身上其他什么要素,它似乎天然地就对我们实施统治,加以指引,并在那些高贵且神圣的事情上为我们提供智力支撑。也无论这个东西自身就是神圣的还是说仅仅是我们之中最为神圣的要素,它按照其专有的德性而进行的活动都将是完美的幸福。

如我们先前所说,这种活动就是沉思活动。

这一点似乎不仅与我们之前所说的一致,而且也与真理相合。因为:

第一,这种活动乃是最好的,既然不仅(沉思的)理性是我们身上最好的事情,理性的对象也是可知对象当中最好的。

第二,它也是最为持续的活动,我们在沉思真理时,可以比我们做任何事情都更为持久。

第三，我们也认为，幸福总是混合着快乐的，而我们也都承认，哲学智慧的活动就是所有有德性的活动当中最为令人愉悦的。无论如何，哲学活动所提供给我们的快乐，在纯粹性和持久性方面都是非凡无比的。而且，我们完全可以想见，那些已经具备知识的人也会比那些仍在求知的人更为愉悦地度过他们的时光。

第四，我们称之为"自足"的那种品质也将在最高的程度上属于沉思活动。诚然，与一个正义的人或者拥有其他什么德性的人一样，哲学家也需要生活必需品。然而，当他们都具备了充足的必需品之后，正义的人还需要有别人在他身旁，以便他可以针对别人或者与别人一起来实行正义的作为。至于节制的人、勇敢的人以及其他每一个有德性的人，也莫不是如此。但爱智者（哲学家），即便他形单影只，也能够沉思真理，而且，他越是智慧，也就越是能在孤独时进行沉思。或许，在有同道知音在旁的时候，他还能更好地沉思，但不管怎样，他仍然是最为自足的人。

第五，似乎也只有沉思活动才是为其自身而被热爱的。因为，沉思活动不会导致任何与这一活动自身不同的东西，然而，就实践活动而言，我们在行动之外，或多或少都会得到点儿别的什么东西。

第六，幸福似乎是依赖于闲暇的。因为，我们先行的劳碌，就是为了闲暇，先行的奋勇作战，也不过是为了和平。实践德性的活动常常展现在政务或军务中，然而，与这些事务相关的行动似乎是片刻不能得闲的。战争活动完全就是这种情形。因为，没有人纯粹为了打仗而选择开战或者挑起战争，而且，如果他为了制造战斗与杀戮而与朋友兵戎相见的话，那他绝对会被认为是嗜血的。政治家的活动也是无法得闲的。他们的活动的目标绝非政治行动本身，而是为了独揽大权与荣耀，至少也是为了他自己的以及他的公民同胞的幸福。即便是为了幸福，这种幸福也不是政治行动本身，而且，它实际上也明显是被我们当作不同的东西来寻求的。

因此在所有有德性的行动中，政治行动与军事行动，因其高贵性与伟大性而卓绝，但即便如此，这些活动也不仅无片刻闲暇，还为的是别的目的，它们本身并不值得欲求。

然而，理性的活动，也即沉思活动，似乎不仅就严肃性来讲最为高级，而且，在它自身之外，也绝没有什么比它更高级的事情足以成为它的目的。而且，它不仅具备为其自身所专有的快乐（这种快乐还会增强沉思活动），还具备自足性、闲暇性，以及一个人所能享有的最大程度的安逸。至为幸福的人所享有的那些属性，毫无疑问都是与这种活动相关的。

如果我们这些话都是对的，那我们完全可以推导说：思辨活动就是人之最为完全的幸福，假使思辨活动能伴随一个人终生的话（因为幸福的任何属性都绝无完全的情况）。

然而，这样一种生活对于一般人来说似乎太高了，因为一个人之所以能像这样生活，不是因为他是个人，而是因为有某种神圣的东西在他身上临现出来了。这个神圣的东西在多大程度上远胜于复合事物[①]，它的活动也便在多大程度上远胜于人按照其他德性而进行的活动。这么说来，如果与人相比，理性是神圣的，那么，依循理性的生命也便是神圣的。

我们万勿为那些人的"忠告"所感，误以为只要我们是人，就只思考人的事情；只要我们是可朽必死的东西，就只操心那些速朽之事。

我们务必尽我们所能，去追求我们自身的不朽，一刻也不松懈地依循我们身上最好的那个东西而生活。即便那个最好的东西只是涓涓细流，它也有滔滔江河之大能，并且在价值上超过一切事物。

这个东西似乎也就是每个人真正的"本身"，它就是每个人身上主导性的、最好的那部分。这么说来，如果一个人不是选择他自己的生活，而是选择去过别人的生活的话，那将是何等的咄咄怪事？！

---

① 所谓"复合事物"（composite thing），亚里士多德指的就是由形式与质料构成的事物，也即自然的、物理的事物。拿人来说，人就是一种复合事物，人乃是由肉体（人的质料）与灵魂（人的形式）复合构成的。

于此，我们之前所说的有些话也是适用的。即为每一事物所专有的东西，也便是每一事物凭其自然而拥有的最好的且最可悦的东西。因此对于人来讲，按照理性进行的生活也便是最好的且最令人愉悦的，因为理性要比任何其他东西都更是人本身。

这种生活，也即按照理性进行的生活，因此也便是最为幸福的。

沉思的幸福高于基于道德德性的幸福

当然，按照其他种类的德性进行的生活也是一种幸福的生活，只是程度上会次一些。

按照这些德性进行的活动也是纯粹属于人的活动，因为，正义的行为、勇敢的行为，乃至其他所有有德性的行为，都是我们在我们彼此的关系之中来实施的，也即借由我们在契约、必要的服务、各种各样的行动，以及在激情方面恪守我们各自应守的职分来实施的。而所有的这些事务，都是特别地属于人的事务。

这些事务当中的一些似乎还是发端于我们的肉体的，而且，我们品性方面的德性也以许多方式与激情紧紧联系在一起。

实践智慧与品性方面的德性紧密相连，品性方面的德性也与实践智慧紧密相连，既然实践智慧的第一原则与道德德性是一致的，而道德的正当性也在于同实践智慧合拍。

再加之，道德德性也是与我们的激情紧密相连的，为此，道德德性必定是属于我们之复合的本性的。而我们复合的本性所具有的德性必是属人的东西。因此与这些德性相对应的那种生活以及幸福也便都是属人的。

理智的德性当然是另外一回事，但是，对此，我们也只能点到为止了，因为，要精确地描述这件事，那实在超出了我们在这里的任务。

无论如何，沉思的幸福也需要有外在条件，只是需要得很少罢了，或者说，要远少于基于道德德性的幸福所需要的外在条件。

事实上，两种幸福都需要生活必需品，需要的程度也是相当的，即便政治家常常要比哲学家更受到肉体方面的需求或类似需求的搅扰。在生活必需品方面的需求而言，他们的差别很小，然而，在他们活动方面的需求而言，他们的差别不可谓不巨！

大方的人要想大方起来，总得手里有钱，而公义的人要想通过回报别人给他提供的服务以彰其公正，也得需要钱。因为，人心隔肚皮，即便是骨子里不公正的人也能装出一副急公好义的样子，若没有外在的行动，你的（良好）意愿谁人能知呢？！

同样，如果勇敢的人想实施任何与他的德性相对应的行为，他就需要有力量；而节制的人要想实施节制的行为，他就需要机会。不然的话，他，或者任何具有其他什么德性的人，如何才能得到承认呢？

假使德性既牵涉到意愿，也牵涉到具体的行动，那么，对于德性来说，意愿和行动，到底哪个才是更重要的呢？这也是个为人们争论不休的问题。

毫无疑问，德性的成全显然是牵涉到这二者的。然而，就具体行动而言，它的完成总是需要很多条件，而且，一个行动越是伟大、越是高贵，它需要的条件也便越多。反观对真理进行沉思的人，他却丝毫也不需要沾染这些事情，至少，就沉思活动的实施来说，他是不需要任何外在条件的。事实上，我们甚至还可以说，这些外在的事情还会对他的沉思构成妨害。

不过，就他是一个人，而且必须跟许多人生活在一起而言，他也得选择去做那些有道德德性的事。这样一来，他也会需要这些外在的辅助，以便他去过一种属于人的生活。

此外，要说完美的幸福乃是一种沉思的活动，我们也可以由以下的思考来显明这一点。

假定诸神比其他所有的存在者都更为蒙福，更是幸福，然而，我们又必得将怎样的行动归到他们头上呢？正义的行为吗？如果说连诸神都还要签订契约、返还押金，这难道不荒谬吗？那么，勇敢的行为吗？因为勇敢的行为是高贵的，所以就刻意去直面危险或以身试险，他们用得着这样吗？或者，大方的行为？那么，他们给予好处的对象是谁呢？如果他们真的还得有钱或者类似的东西，那岂非奇谈怪论？难道还能是节制的行为吗？他们的节制行为又会是怎样的呢？说他们"很节制"，这样的赞扬难道不拙劣吗，他们本就没有任何低级的欲望。如果我们把这些德性行为一一加在他们身上检验一下，我们就会发现，这些行为的情境对于诸神来说，实在是太不足道，太不配了！

但是，我们总得假定他们生活着，假定他们是活动的吧，难不成还能假定他们都如恩底弥翁①一般是永远沉睡着的吗？！

这么说来，对于一个活着的存在者，如果我们褫夺了他外在行动的可能性，又进一步褫夺了他制造出任何东西的可能性，那么，还剩下什么凭据可以表明他是活着的呢？只有沉思！

必定是沉思，上神的活动，那在福气上超过了世间一切的活动，必定是沉思！

故此，就人的活动而言，也只有与神的这种活动最为相

---

① 恩底弥翁，希腊传说中的美少年。一说认为，宙斯因喜爱其俊美，将他带到了天上，然而，他却爱上了天后赫拉，宙斯震怒之下，施法让他长睡不醒。也有一说认为，月神塞勒涅爱上了这位俊美的少年，便施法令他在卡里亚的喇特摩斯山谷长睡，以便可以亲吻他。

似的活动，才最具幸福之本性！

还有一个事实也可以表明这一点，即其他的动物都没有任何的幸福可言，正是因为它们完全缺乏这种活动。就神而言，其整个生命都是蒙福的，就人而言，因为可以有与属神的沉思活动类似的活动，他也便是蒙福的，但是，其他任何的动物都不可能是幸福的，既然它们绝无可能去沉思。

可以说，哪里有沉思，哪里就有幸福；哪种存在者更为充分地享有沉思，哪种存在者也便更为真正地享有幸福。而且，这种幸福还不是沉思附带的后果，它直接就是沉思，因为，沉思本身就是极为珍贵的。

因此之故，幸福必定是某种形式的沉思。

只是，作为一个人来讲，我们也需要外在的兴旺，因为，我们的本性并非是自足的，为了达成沉思这一目标，我们的身体必得是健康的，我们必得有食物果腹，我们也必得满足其他方面的关切。

话虽如此，我们也切勿认为，既然人若没有外在的善就不可能有无上的幸福，因而，人要想成为幸福的人，就需要许多许多东西或者需要什么特别重要的东西。因为，无论是我们说的自足，还是行动本身，都不牵涉到任何的过度。我们要想行高贵之事，根本用不着先掌控大地和海洋。

只要有了适当的利好，就完全够我们去施行有德性的行为了。这一点是足够清楚明白的。很简单，平民尽管不像暴君那般君临天下，但他们所行的有价值的行为不仅不会比暴君少半分，实际上还要多出很多。我们只要拥有适当的东西，那便完全足够了，因为，人的生命幸福与否，关键还是在于是否按照德性来活动。

梭伦对幸福之人的描绘或许说到了点子上。据他的描述，那些幸福的人拥有适度的外在的善，但关键是他们（在梭伦看来）已经实施了最为高贵的行为，而且活得很节制。因为，只要适度地拥有一些东西，一个人就完全能够去做他应该做的事情了。

阿纳克萨戈拉似乎也设想过，幸福的人无须是个富豪，也无须是位暴君。他说，如果幸福的人在大多数人看来是个怪人，那也毫不意外，因为，庸人们看人的时候，总是看外在，既然他们心里幽幽戚戚的，无非就是那些东西。

这些有智慧的人所持的意见，似乎也与我们的论证是相契合的。他们的这些话的确有一定的可信度，然而，在实践事务方面的真理，必须由人的行动以及生活方式来验证，因为这些事情才是决定性的因素。因此，我们必须就我们说过的那些话再实际调查一番，看看它们能不能经住生活事实的检验。如果它们与事实是合拍的话，那么我们就必须接受它们；如果与事实不符的话，那么我们就只能将它们当成纯粹的理论。

一个人若不断练习他的理性，培育他的理性，则不仅他的心灵会处在最佳状态，他似乎也会成为与诸神最接近的人。

如果照人所设想的那样，诸神的确关心人类的事务的话，那么，这么想就完全是合理的：诸神会欢喜最善的，还有与他们（在理性上）相像的那些人，也会奖赏那些最为热爱理性、给理性增添了最多荣耀的人，那些人不仅照料着为诸神所爱的东西，行事还正当且高贵。

很显然，这些品质最是能在爱智者身上找到。因而，爱智者便是神最为钟爱的。作为这样的人，他大概也是最为幸福的人。因而，爱智者要比其他任何什么人都要幸福！

VII

幸福与快乐

关于快乐的疑难

考虑这些事情（痛苦与快乐），也是我们必须完成的一个任务。这不仅仅是因为，我们要确立的道德上的德性和恶习都与痛苦以及快乐相关，也是因为，大多数人都说，幸福关系到快乐，这也是蒙福的人为何要被如此称呼的原因，因为"蒙福"就是自"去享乐"这个词衍生出来的。

快乐常被认为是与人的本性联系最为紧密的东西，这便是为何在教育年轻人的时候，我们要用苦乐之舵来指引他们。

人们也常认为，享受我们该享受的东西，憎恶我们该憎恶的东西，这对于我们品格之德性的养成至为关键。因为，这些事情贯穿我们的整个生命，不管是对德性来说，还是对幸福生活来说，它们都具有特别的重要性和力量，然而人们总是选择令他愉悦的事情，逃避令他痛苦的事情。

而且，这些事情大概也是我们的讨论最不能忽略的，尤其是围绕着它们还有很多争论的时候。比如，有些人说，快乐就是善的东西，而其他一些人则持相反的观点，认为它完全是坏的。

在认为它是坏事的那些人之中，又有些人彻底被劝服了，确信无疑地认为事实就是如此，而另外一些则认为，哪怕快乐并不是完全坏的事情，也要将之批驳为一种坏的东西，因为这能给我们的生活带来一种更好的影响。他们认为，既然大多数人都倾心于快乐，都愿做快乐的奴隶，那么，我们就应该把这些人往相反的方向上引，这样才能让他们达到中间状态。

毫无疑问，这种看法并不明智。因为，在涉及情感以及行动之事时，理性论证往往不如事实可信。正是因此在他们的论证与人们感知到的事实发生冲突时，这些人就会受到人们的鄙薄，乃至令真理的威望也跟着受损。

一个平素里在口头上总对快乐大加挞伐的人，一旦被旁人偶尔瞧见他也对某种快乐甘之如饴，那么，旁人就会觉得，连他也倾心于快乐，难道不正表明所有的快乐都是值得追求的吗？要知道，大多数人都是不明就里的，他们并不善于区分这里面的区别。

这么看来，真理性的论证似乎也应是最为有用的论证，不仅仅应该有助于人获得知识，也应该有助于人去生活。因为，当它们与事实相一致的时候，它们就会被人们接受，并且激发那些理解了其真理性的人按照它们来生活。

快乐是善的，幸福的生活必定是快乐的

我们都同意，痛苦乃是件坏事，也是要避免的事情；因为，某些痛苦乃是绝对的坏，而另外一些痛苦之所以是坏的，乃是因为它们会在某些方面对我们形成妨害。那些要被避免的事情，就它们是某种要去避免的而且是坏的事情而言，乃是善的反面。

这么说来，快乐就必定是一种善。斯波西彪[①]对此的回答是不成功的，在他看来，快乐既与痛苦相反，也与善相反，正如较大的量既与较小的量相反也与相等的量相反一样。然而，既然他也不会说快乐在本质上就是一种恶，那他的回答就不可能成功。

而且，如果有些特定的快乐是坏的，那也不妨碍首善是某种快乐，这就好比，尽管有些特定种类的知识是坏的，首善却仍然可以是某种形式的知识。也许，这甚至还是必然的，

---

① 斯波西彪，古希腊哲学家，柏拉图的外甥和学生，在柏拉图去世后，他成为柏拉图开创的雅典学园的继承者。

即如果我们的每一种倾向都有着不受阻碍的活动，而且，不管是我们所有的倾向的活动（如果未受阻碍的话），还是它们之中的某一个的活动，都构成了幸福的话，那么，其中就必有一种活动是最值得我们选择的；而且，这个活动必定是快乐的。因此，那个首善定是某种快乐，哪怕大多数快乐都有可能是绝对的坏的。

也正是为此，所有的人都认为幸福的生活必是令人快乐的，而且都将快乐编织进他们对幸福的梦想之中。

这种看法是完全合理的，因为，若受到了阻碍，则任何的活动都不可能得以成全完满，而幸福就是一件完满的事情。这也是为何，幸福的人也需要肉体方面的善，还需要外在的善，也即好的运气，因为，有了好运气，他才不会在这些方面受到阻碍。有些人说，一个人只要他足够良善，哪怕他受尽折磨，或者陷入巨大的不幸之中，他也会是幸福的。无论这些人在说这些话的时候是不是真心的，他们都是在胡说八道。

既然除了其他的一些事情，我们也需要运气，那么有些人可能就会认为，好运气跟幸福是一回事。但情况并非如此，因为，即便是好运气，当它过度了的时候，也会成为一种妨碍，甚或不再应该被称作好运气了。好运气的界限，必得参照幸福来确定。

实际上，不管是禽兽还是人，所有的事物都追求着快乐，这一事实似乎表明，快乐在某种意义上就是那个首善。

因为，如荷西俄德所言，"大多数人都有的声音，绝不会完全消失……"然而，任何一种自然本性或状态都不是，或者都没有被认为是对所有的人来说都是最好的，且所有的人所追求的也并非同一种快乐，尽管所有人的确都追求快乐。也有可能，尽管他们并不认为，也不会承认他们在追求的乃是同一种快乐，然而他们所追求的实际上就是同一种快乐，既然所有的事物天生就有某种神圣的东西存在于它们之中。[①]然而，肉体的快乐却已经侵占了这一名目，其原因不过是，最为经常地来引领人们的，就是肉体的快乐，而且，它还是所有的人都共同享有的。人们基于这样的理由，再加之他们也只熟悉肉体的快乐，于是便认为再没有别的什么快乐配得上那个名目了。

同样很明显的是，如果快乐，也即我们诸种才能的活动，并不是一种善的话，那么幸福的人就不会过着一种欢欣快乐的生活了。因为，如果它不是一种善，而幸福的人甚至也可

---

① 亚里士多德这里的话有些费解，实际上，他在这里所谓的为所有人都追求的"一种快乐"，也即最高的快乐，更确切地说，就是对于理性真理的沉思。他认为，人都有逃避无知的自然倾向，换句话说，人最为深刻的自然本性，就是求知。而这一天赋的倾向，也即他所谓的在人身上的"神圣的东西"。

以过一种痛苦的生活,那么,他还能为了怎样的目的而需求快乐呢?如果快乐不是一种善的话,则痛苦就既不是一种恶,也不是一种善,那么,他为什么还有必要去躲避痛苦呢?因此如果良善之人的活动并不比任何其他人的活动更令其快乐的话,那么他的生命也不会比其他人的生命更为快乐。

快乐是我们生命活动的成全

在看一个东西的过程中，"看"这一动作在任何一个瞬间都是完全的，因为，它不缺乏任何会在后来生成并由此完善其形式的东西。快乐似乎也具有这种本性。因为，快乐是一个整体，而且，在任何时候，我们都不会找到一种快乐，那种快乐的形式只有随着它在时间上的持续才得以完成。

出于这一理由，快乐也不是一种运动。因为，每一运动（*比如，建房子*）都要耗费时间，而且都为着某个目的，只有当它已经实现了其目的的时候，它才是完全的。因此只有在整个过程或者最终那个瞬间而言，运动才是真正完成的。相反，在这个过程中的某个时节，在这个过程之中的所有的运动都是不完全的。而且，它们不仅与整个运动不同，还彼此不同。拿建庙宇来说，砌石料与雕廊柱就是不同的，而且，它们也与建造庙宇的整个活动是不同的。建造庙宇的整个活动是完全的，因为它不再需要什么事情来完善一开始所计划的目的，但是，打地基、收三陇板①的活动却是不完全的，因为它们都只是在建造这个庙宇的一部分。这些部分的活动在形式上是不同的。而且，在整个过程中的任何时间点，我们都不可能找到一种完全形式的运动，如果非要找的话，也只有其整个过程才是。

我们在另一著作（《物理学》六到八卷）中对于运动做过细致的讨论，我们知道，在任何的时间点或每一时间点来讲，运动似乎都不是完全的，而是不完全的；而且，不同时间点上的运动在形式上也是不同的，它们的起讫点规定了它们的形式。然而，论到快乐，其形式却是完全的，在任何一个时间点，在每一个时间点都是完全的。

这么说来，很明显，快乐和运动必定是互不相同的，快乐必属于完整且完全之事。这一点似乎也是有事实可证的，即一个运动过程必定要耗费时间，然而感到快乐却无须耗费什么时间，快乐之被完整地感受到，不过在那一瞬而已。

从这些考虑出发，很清楚，在说存在一种"快乐运动"或者"快乐之生成"的时候，那些"思想家"完全搞错了。因为，运动、生成之类不能被归到所有事情头上，只能归于那些可

---

① 三陇板，是古希腊建筑（比如帕特农神庙）广泛使用的陶里克（Doric）石柱中楣的一部分，用以支撑其屋檐。

分的、非整体的事情上。不存在什么"看"的生成,也不存在什么点或者一个单位(unit)的生成,任何这类的生成或运动都没有。同样,也没有快乐之运动或者快乐之生成,因为,快乐是一个整体。

……

快乐可以在每一种感觉中产生,这十分清楚,因为,我们不仅会说"看起来令人愉悦",也会说"听起来令人愉悦"等。同样清楚的是,当一个感官处在其最佳状况,而且其活动也指向相应的目标时,这种活动所产生的快乐乃是最大的。当感知对象和感官都处在最佳状态的时候,这种快乐就会绵延下去,只要那制造快乐者和体验快乐者(也即感知对象和感官)皆备。

快乐对知觉活动的成全,并不是作为一种固有的状态或习性,而是作为依随这一活动的那个终点来成全它的。这就如青春之花成全花季少年一般。

因而,只要感觉对象(或理智对象)与分辨官能(或沉思官能)是它们应该是的样子,这种快乐就会包含在这一活动中。因为,当被动的与主动的因素都未发生改变,而且以不变的方式彼此关联在一起的时候,相同的结果自然就会随之到来。

那么,为何在现实中我们的快乐都是不长久的呢?是因为我们如果快乐时间长了就会感到疲倦吗？无疑，只要是人，就不可能持续不断地活动下去。因此相应的快乐也便不可能持续下去，快乐总是与活动相随的。

有些事情，在它们尚是全新的时候，确会令我们欣喜不已，然而，当它们没那么新的时候，它们也就没那么讨我们高兴了。其理由是一样的，因为，在起初，我们的心灵会受到它们的刺激并紧张地活动起来，就像人们在努力看清一个东西时他们的视觉所处的状况一样，然而，在这之后，我们的心灵活动就不会那么紧张了，而是会慢慢松弛下来，那种快乐的感觉也就慢慢褪去了。

有人会想，所有的人都渴求快乐，乃是因为他们都以生命作为目的。

生命就是一种实现活动，而每一个人的活动，都是与他们最爱的那些事情相关的，也都是凭着他们最爱的那些官能进行的。例如，音乐家之活动，必定赖于他的听觉以及曲调，而学生之活动，必定赖于他的心灵以及理论问题，在每一活动的例子当中，皆是如此。然而，成全这些活动的，乃是快乐。因此成全生命的，便也是快乐。而生命又是为每个人所欲求的。

是故，我们完全有好的理由说，人们也都是着眼于快乐的，既然对每个人来说，快乐就是那值得追求的生命的成全。

到底我们是为了快乐而选择生命，还是为了生命而选择快乐，这个问题我们暂且按下不表。因为，这两样东西似乎是紧紧捆绑在一起的，彼此不可割舍。也即没有活动，快乐不会产生；没有快乐到场，每一活动也便无法成全。

不同的活动有不同的快乐

出于这一理由,快乐似乎也有种类的分别。因为,我们认为,不同种类的事物,乃是由不同的事情来成全的。

这一点不仅符合自然对象的情况,也符合由技艺所制造的那些事物的情况,比如,无论是动物、树木,还是一幅画、一尊雕塑、一幢房子、一件器具等,皆属如此。基于同样的理由,我们也认为,不同种类的活动,也皆是由不同种类的事情来成全的。

诸种思想活动与诸种感觉活动不仅自身就彼此有别,而且作为两个类别的活动而言,也是不同的。因此成全思想活动的快乐与成全感觉活动的快乐也在类别上有所不同。

这一点乃是有事实可证的。君不见,每一种快乐都是与其所成全的活动相伴相生的。每一种活动,都凭着相应的快乐而得以增强,一个人带着快乐来从事某个活动时,他才会更好地判断每一件事情,也更精确地研究每一件事情。

比如,只有那些对思索几何学问题乐此不疲的人,才能成为真正的几何学家,也才能更好地理解各种各样的几何学命题。同样，那些喜爱音乐的人、喜爱建筑的人或者其他什么喜爱某种技艺的人也是如此，只有当他们享受他们的工作的时候，他们在该领域才能取得进展。

因此，快乐可以增强活动。而能够令一件事情得以增强的东西，总是为这件事情所专属的；然而，事情的种类不同，它所拥有的专有属性在种类上也便是不同的。因此，快乐也有种类的分别。

另一事实或许能更为清楚地表明我们方才所说。这一事实也即我们的活动总会因为来自其他源泉的快乐而受到干扰。假设一个喜欢吹长笛的人正津津有味地与别人辩论，但无意间听到有人吹笛子，那么，他当下就会变得心猿意马，他享受笛子演奏更甚于享受手头的活动。在这一例子中，与笛子演奏相关的快乐就摧毁了与辩论相关的那个活动。

在所有其他的例子当中，这也是时有发生的。只要一个人试图同时做两件事，更为令人愉悦的那个活动总会排斥另一个活动，如果它令人快乐的程度还一直比另一个强很多的话，它甚至都会令另一个活动废止。这就是为何当我们沉浸在某件事情的时候，对其他任何事情就丝毫无感。而且，这也解释了，为何我们不再为另外什么事感到愉悦的时候，我们就只会专注于一件事。比如，在剧院当中，若演员的表演实在蹩脚，你大概就只会专注于吃你的甜品了。

既然活动会因为专有的快乐而变得更为精确、更为持久、更好，也会因为来源于别处的快乐而受到妨害，很明显，这样两种快乐在种类上就是截然不同的。

因为，来自别处的快乐对某个活动的影响，与这一活动所专有的那些痛苦为之带来的影响并无二致，活动也总会为其专有的痛苦所摧毁。比如说，如果一个人发现写字或者做算术是件不那么宜人，乃至令他痛苦的事情的话，那么他就不会去写，也不会去算，这样的活动是令他痛苦的。

因而，一个活动既会受到其专有的快乐的影响，也会受到其专有的痛苦的相反影响（*所谓"专有的"，就是指因为活动自身的本性而依随于活动的东西*）。而且，如我们刚刚讲过的，来自别处的快乐与专属的痛苦对这一活动的影响是一模一样的，它们都会摧毁这个活动，只是程度不同罢了。

活动总有好坏之分，有些是值得选择的，有些是要避免的，还有一些则是两可的。快乐也是如此，就每一活动而言，都存在一种专有的快乐。

这么说来，与一个值得选择的活动相应的快乐就是善的，而与一个不值得选择的活动相应的快乐则是坏的。这就好比，对于高贵目标的欲望总是令人称颂，而对于低贱目标的欲望则常受人非难。

更不用说，活动所牵涉到的快乐要比其所牵涉到的欲求是更为专属于活动的事情，因为，欲求不管是在时间上还是在本性上，都可以与活动相剥离，然而，快乐却与活动唇齿相依，它们是如此难以分离，以至于我们会争论说活动到底与快乐是不是同一件事情。（尽管我们这么说，但我们还是要注意，快乐与思想和知觉似乎不是一回事，如果它们是一回事，那将显得很奇怪。只是，它们很难分开存在，故此，在某些人看来它们就是一回事。）

正因为活动总是有别，与各种活动相应的快乐也是有别的。就纯粹性而言，看要优于触摸，听声和嗅味也要优于品尝。故此，不同的活动所带来的快乐也以同样的方式而有优劣之分——思想的快乐优越于感知的快乐，而在这样两个类型的活动各自内部而言，其不同的形式所带来的快乐也彼此有优劣之别。

每一种动物似乎也都有一种专属的快乐，既然每一种动物都有一种专有的功能，也即与其活动相对应的功能。如果我们一个一个物种来考察一番的话，这将是非常明显的。比如，马、狗和人就有不同的快乐，正如赫拉克利特所说，"驴子宁食枯草，不爱黄金"，因为，对于驴子来说，食物要远比黄金令它们感到快乐。因而，造物种类不同，其所追求的快乐种类便不同。而且，我们也可以合理地假定，属于相同一类事物的快乐并无不同。

但无论如何，属于人类的那些快乐也仍会有差别，而且程度还不小。相同的一些东西，会令一些人快乐，也会令一些人感到痛苦；令某些人痛苦到作呕的事情，也可能使另外一些人笑逐颜开，心下大悦。

这是常有的事。比如，就有甜味的食物来说，对一个健康人来讲的蜜糖，对于一个发高烧的人而言，或可味同砒霜。而一样的温度，对于体质孱弱者与体健如牛者来说，也未必是同样暖和的。在其他的例子当中，也常常发生这种情况。

但是，在所有这样的例子当中，我们认为，处在良好的（身体和精神）条件下的那些人感受到的才是实情。若我们说得对路，若事实上真如看起来的那样，像这样有德性的且良善的人才是一切事物的尺度的话，那么，在他看来快乐的事情，也必是真正快乐的事情，而且，为他所乐享的那些事情，也便是真正值得人乐享的事情。

一件为良善之人感到厌倦的事情，如果在别人看起来仍甘之如饴，这没什么可奇怪的，因为人要想自毁，要想把自己惯坏，道路何止万千！但无论如何，那件事情本身仍非是可悦的，它只是对那些人，对那些处在败坏条件下的人来说才是可悦的。

那些被人们公认为不光彩的快乐显然不应该被说成是真正的快乐，只有品味变态的人才会觉得它们是快乐。

然而，就那些被人们认为是良善的快乐而论，哪一类快乐，或者说什么样的快乐，才应该被认为是专属于人的呢？这个问题难道还不明白吗？从相应的活动来判断啊，既然快乐就是紧随着活动的。

这么说吧，完美且至为幸福的人，无论他们有一种还是多种活动，令他们的这些活动成全的快乐就可以被说成严格意义上的，专属于人的快乐。其他的一些快乐，只能说是在次要的，乃至微不足道的意义上属于人的快乐，正如与它们相对应的那些活动一般。

关于肉体快乐的思辨

论到肉体的快乐，有些人说，有些快乐，也即那些高贵的快乐，是十分值得选择的，然而，肉体的快乐却不是，它们只是自我放纵的人所关切的快乐。

但是，这些人有必要考虑一下这样的问题：既然一种恶的反面就是善的，那为什么与它们（肉体的快乐）相反的痛苦会（被我们认为）是恶的呢？

……

然而，存在肉体的善过度的情况，而且，败坏的人之所以败坏，是因为在这方面的追求过度了，而不是因为追求那些必要的快乐本身。

因为，所有的人都会以这样或那样的方式享受美食、美酒以及酣畅的性爱，但是，并非所有的人都是以他应有之方式来享受这些东西的。

论到痛苦，情况则相反。因为，人所躲避的，并不是过度的痛苦，而是所有的痛苦。与过度的快乐相对立的根本就不是痛苦，除非是针对那些正在追求着过度快乐的人来说。

于此，我们不仅仅应该指出真理，还应该指出那些人犯错的原因，因为，这有助于我们建立确信，当我们合理地解释了为何错误的观点只是看起来是对的，则我们就倾向于建立对于正确观点的信念。因此，我们还必须澄清，为何肉体快乐看起来是更值得选择的。

这么说来，首先，这乃是因为它们驱逐走了痛苦。有些人，因为曾体验过过度的痛苦，所以便追求过度的而且是普遍而言的肉体快乐，以之作为对他们所受痛苦的治疗。这种治愈的快乐会变得甚为强烈（这也是它们会被追求的原因），因为它们是以与痛苦相反的面目出现的。

其实，快乐之被认为不是善的，正如我们说过的那样，乃是出于这样两个理由。

第一，有些快乐是属于某种坏的本性的活动，其中的有些是先天的，比如一头野兽的坏的本性，有些则是由习惯形成的，比如坏人之中的那些本性。

第二，另外一些快乐则意味着对于某种有缺陷的本性的治疗，而且我们说，已然的健康状态要好于进入这种健康状态的那个过程。然而，这些快乐就是在我们的本性变得完满的过程之中产生的，因而，它们只是恰巧是善的。

其次，肉体的快乐之所以被追求，也是因为它们所具有的强度是那些不能够去享受其他快乐的人所喜欢的。（在所有的事情上，他们都想方设法地去满足他们自己的饥渴。当这些事情是无害的时候，他们的实践倒还是无可指摘的，然而，当这些事情是有害的时候，他们的实践就变得很坏了。）

对他们来说，除了肉体的快乐，似乎也没有别的什么东西可以去享受。而且，因为许多人所具有的本性，即便是一种中立的状态也是令他们感到痛苦搅扰的。因为，我们人之中的动物性总是令我们备受煎熬的，正如自然科学的研究者已经证实的那样，如他们所言，视觉和听觉都会带来痛苦；但是，也如他们所坚称的那样，我们已经习惯了这些。

同理，在年轻人中间，因为他们还处在成长阶段，他们所处的情境，就好比一个醉汉所处的情境一般，因此年轻就是一件令人快乐的事情。

然而，就那些本性易激动兴奋的人而论，他们却总需要一种慰藉（*治疗性的快乐*），因为，他们的特殊构成（*他们易激动的本性*）总是令他们的身体备受折磨，总是令他们经受着强烈的欲望的影响。然而，要驱赶走痛苦，就需要有与痛苦相反的快乐，而且，需要抓住一切机会享受那快乐，只要那快乐足够强烈。因此，他们最后就变成了自我放纵且败坏的人。

然而，那些并不牵涉到痛苦的快乐不会容受任何的过度。这些快乐存在于那些自然就是而非附带地是可悦的事情之中。

所谓附带地是可悦的事情，我指的是那些作为治疗的行为，因为，通过我们身上尚算健康的那部分的某种行动，它们会使我们得到治愈，也正是为此，这个过程也被我们认为是愉悦的；而所谓自然可悦的事情，我指的则是那些刺激着我们健康的本性去行动的事情。

这世上没有一件事是永远令人快乐的，因为我们的本性并不单纯，而是掺杂着其他的要素，正是因为这个要素，我们才是些易毁灭的造物，以至于只要我们本性中的某个要素做了些什么，这对于另外部分的本性来说就是不自然的；然而，当这两个部分处在相互平衡掣肘的状态，则无论做什么我们都不会感到痛苦，也不会感到快乐。因为，就任何事物而言，如果其本性是单纯的话，那么，对它来说，相同的行动就总会是最为令它快乐的。

这就是为什么神总是享受着一种单一且单纯的快乐的原因。（宇宙中）不仅有运动之活动，而且还有一种不运动的活动。实际上，止息中的快乐要远甚于运动中的快乐。

然而，正如那个诗人所言，因为某种恶习，"在所有事情上的改变都将是甜蜜的"；因为，正如邪恶的人总是善变的一样，需要改变的本性因此也就是邪恶的本性，邪恶的本性既非单纯的，也非善的。

VIII

幸福与友谊

友谊是为生命所必需的，而且是高贵的

在前面说了那么多之后，我们接下来自然就要讨论一下友谊，它也是一种德性，或者暗含着德性，而且，它也是一种对我们的生活来说绝对必要的事情。

没有人会选择活着却没有一个朋友，哪怕他拥有所有其他的善。即便是那些富豪，那些身居高位且手揽大权的人，似乎也需要，而且尤其需要朋友。因为，如果没有机会惠助他人，再兴旺发达又能有什么用呢，而对他人的惠助主要就在于对我们的朋友给予惠助，这也是一种最值得嘉许的惠助他人的形式。或者说，若没有朋友的话，我们的兴旺发达又如何能得到护卫和保障呢？须知，我们的兴旺发达越甚，它也就越容易暴露在危险之中。在我们处于贫乏或者其他一些厄运之中的时候，我们也会把朋友当作唯一的避风港。

友谊有益于年轻人，能帮他们避免犯错；友谊也有助于年长的人，照顾他们的需求，并且协助他们去完成一些他们因年老体衰而不能独立完成的事情。友谊也会激励那些处在盛年的人去施行高贵的行为——"两个人并肩同行"——因为，

只有和朋友一起，人们才更有能力去思考并行动。

再者，父母似乎天然就对他们的后代拥有一种类似于友谊的感受，而后代对他们的父母也是如此。不仅在人之中是这样，而且，即便在鸟类等大多数动物中间，也是如此。同一种族的成员相互之间，也总是怀有这种感受，尤其是就人来说，这便是为何我们总会对那些爱着他们同胞的人大加赞赏。我们甚至可以在我们的旅途中发现，每个人都对别的人是如此亲近而珍视。

友谊似乎就是将整个国家整合到一起的那个东西，而立法者对这件事的关心，更甚于对正义的关心。因为，（万众）齐心似乎就是某种类似于友谊的东西，而这也正是立法者们最为看重的事情，相反，他们所要排除的也便是内讧，因为那是他们最大的敌人。而且，当人人都是朋友的时候，他们也就不需要什么正义了，然而，当他们人人都是正义的时候，他们也仍然需要友谊，而且，人们也常认为，正义之最为真正的形式，就是一种朋友般的公平。

友谊不仅是我们必须的，也是高贵的。因为，我们总会赞赏那些爱他们朋友的人，而且，拥有许多朋友也被我们认为是件美妙的事情；此外，我们还认为，良善之人和朋友都是同一些人。

关于友谊，并没有太多要争论的事情。有些人将之界定为一种相似性,并且说"物以类聚,人以群分",还因此说他们是"相像的对相像的""聚集在同一根羽毛下的鸟儿们",诸如此类。另外一些人则相反,说"两个做交易的人永远不会取得一致"。在这个问题上,他们甚至还曾探究它们更深层的且更为物理化的原因。比如,欧里庇德斯就说了:

干渴的大地爱慕甘霖,

当庄严的天空充满了雨滴时,它也爱

降落在大地上。

而赫拉克利特则说,"相对的东西也相互帮助""从杂音才产生了最高贵的和谐",或者,"所有的事物都是通过斗争产生的"。至于恩培多克勒,则跟其他人一样,表达了与此对立的看法,即相似的总是瞄准相似的。

三种类型的友谊

如果我们首先知道了爱的对象的话，那么，友谊的类型也许就可以搞清楚了。因为，并不是每样东西看起来都是被爱的，只有那可爱的东西才是，而可爱的东西也便是善的、令人快乐的，或者有用的。然而，人们认为，有用的东西不过是制造善或快乐的工具，因此值得当作目的来爱的东西，就只有善的和令人快乐的东西了。

人们去爱的理由大概有三个。对于无生命的对象的爱，我们不会用"友谊"这个词来描述，因为，这种爱并不是相互的爱，也不存在一方为另一方祝好的情况（因为，如果说一个人祝愿手中的美酒安好，那无疑是荒唐的，如果这个人真的要对酒祝愿点什么的话，那也是祝愿美酒不要洒了，这样他自己才有得喝）；然而，对一个朋友，我们却会说，我们应该为他而祝好。然而，如果这种祝愿并不是相互的话，则我们也只能说这样来祝愿的人拥有善意。当这种祝愿是相互的时候，善意才成为友谊。

也许，我们还应加上"当它被承认的时候"这一限定。

因为，许多人都对别人怀有善意，然而，他们并没有见过那些人，他们只是断定那些人是善的或有用的罢了；而那些人对他们也可能怀有这种感受。那么，这些人看起来的确是相互间抱有善意的，然而，当他们并不知道他们相互间的感受的时候，他们怎么能称得上朋友呢？这么说来，要成为朋友，他们彼此间必定得抱着善意，因为前述的某个理由而彼此怀有良好的祝愿，而且双方必得确知这一点。

我们上述的这些理由在类别上是彼此不同的。因此相应形式的爱和友谊也是不同类别的。是故，存在着三种类型的友谊，它们与可爱之事物在类型上数目相等。因为，就每一类型的友谊而论，其中都存在着一种相互的且彼此确认过的爱，而那些相爱的人也是在促使他们相爱的那些事情上相互祝好。

那些为了他们的功利而爱着对方的人其实本身并不爱对方，只是因为他们能从对方那里得到某种好处而已。那些为了快乐而爱别人的人也是一样，比如，人们都爱风趣的人，这并非因为他们爱那些人的品性，而是因为觉得那些人令他们很是愉悦。因此那些为了功利而爱别人的人，也便是为了他们自己的好处才去爱的，而那些为了快乐而爱别人的人，则是为了他们自己的快乐之事才去爱的。一言蔽之，他们去爱别人的时候，不是因为那个人是一个可爱的人，而是因为那个人对他们是有用的或者令他们愉悦的。

这么说来，这样一些友谊仅仅只是附带的，因为，在这些友谊中，被爱的那个人不是被当作一个人来爱的，而是被当作能够提供某种好处或快乐的东西来爱的。这样的友谊，因此也很容易就分崩离析，只要双方发生了改变；因为，只要其中一方不再是令对方愉悦的或者对对方有用的，那另一方便不再会爱他。

然而，有用的东西绝不是持久的，它总是随环境变化而变化。因而，当这种友谊的动机丧失了，则这种友谊也会解体，既然它仅仅是为我们方才说的那样的目的而存在的。这种类型的友谊似乎主要存在于老人之间（上了年纪的人的友谊追求的不是令他们快乐的事情而是对他们有用的事情），也存在于那些对功利孜孜以求的中年人或者年轻人中间。

这些人并不常在一起生活，因为，有时候，他们从对方那里甚至连乐子都找不到，因此他们并不需要如胶似漆的陪伴，除非他们相互间是有用的；而且，他们对彼此来说是可悦的，也仅仅是因为他们相互激起了对于好事将到的希望。人们也把主人和客人之间的友谊归到这类友谊之中。

就另一方面而言，年轻人的友谊似乎是以快乐为鹄的；因为，他们是在情绪的指引下生活的，他们首要追求的事情，就是对他们自己来说快乐的事情，而且是那些当下就可触及的快乐的事情。然而，随着年岁的增长，他们的快乐会有所不同。这也是为什么他们交朋友快，决裂也快。他们的友谊总是随着他们所乐在其中的那些对象而变化，而这样的快乐总是很快就发生变化的。年轻人也倾心于包含性爱的友谊，既然性爱通常就取决于情绪而且以快乐为鹄的。这就是为何他们热恋快，翻脸也快。他们的友爱常常如露水情缘，一日即变。但是，这些人却的确愿意为对方花费时日，跟对方生活在一起，因为只有这样，他们才能够实现他们建立友谊的目的。

完满的友谊乃是由良善且在德性上也相近的人所建立的友谊。因为，只有这些人在彼此祝愿的时候，才是因为对方有德性而祝愿对方好的，而且，他们自身也是良善的。那些为了他们朋友而祝愿他们朋友好的人才是最为真正的朋友，因为，他们爱对方，完全是因为对方之为人，而非是因为对方附带的什么好处。因此，只要他们是良善的，他们的友谊就能持续下去，因为，善就是一种持存的东西。而且，他们每一方不仅是绝对的善的，而且对其朋友来说也是善的，因为，真正良善的人不仅在绝对的意义上来说是善的，也是相互间有用的。因而，他们也都是可悦的，因为，良善之人不仅是绝对的可悦的，相互间也是可悦的，既然他自身的每一行为，包括他人的与之类似的行为，都是令他愉悦的，而良善之人的行为总是相同的或相似的。

这样一种友谊是可以期望持存的，既然在它之中，汇聚了朋友所应该有的所有特质。因为，所有的友谊都是为了善或快乐——要么是抽象意义上的善或快乐，要么是他在怀着友好的感情时所享受到的善或快乐——而且是建立在一种特定的相似性这一基础之上的。我们所列举出的所有那些特质，因为良善之人自身的本性，都为他们之间的友谊所拥有。因为，在这种类型的友谊之中，双方不仅有彼此相似的德性，也都有其他一些相似的特质——绝对的善的以及绝对的可悦的东西——而这些就是最为可爱的东西。因此，正是在这些人之中，我们最是能够发现爱和友谊，而且是最佳形式的爱和友谊。

自然，这样的友谊应该不太常有，因为这样的人毕竟是少数。再者，这样的友谊也需要时间和足够的熟识度才能建立，正如那条箴言所说的，人们不可能熟知彼此，直到他们已经"共食了盐巴"；他们也不会彼此承认是朋友，直到每一方都被对方发现是值得爱的且得到了对方的信任。那些很快就相互示好的人都希望能成为彼此的朋友，但他们并非真的就能成为朋友，除非他们双方都是值得爱的且双方都知道这一事实，因为，想交朋友的愿望可以来得很快，但真正的友谊却来得很慢。

不管是在持久度还是在其他方面而言，这种类型的友谊都是完满的。在这种友谊中，每一方都在所有的方面从另一方得到了相同的东西，或者说，都从对方那里得到了与他所给出的东西相似的东西。而这正是在朋友之间应该发生的事情。为了快乐而建立的友谊也与此有相似之处，既然良善的人相互间也是令对方快乐的。为了功利而建立的友谊也与此有相似之处，良善的人相互间也是有用的。

在拥有那些较次类型友谊的人之中，只有当友谊的双方都从对方那里获得相同的东西（比如快乐），而且这种相同的东西还是来自同一源泉的时候，那些友谊才最为持久，就像在两个都很风趣的人之间，而非如爱者和被爱者之间发生的那样。

因为，爱者和被爱者并不从相同的事情中获取快乐，而是一个因看见那个被爱者而快乐，另一个则因得到了那个爱者的关注而快乐。而且，当青春之花凋零的时候，这种友谊有时候也便消散了，因为此时，那个爱者不再能从看见对方而获得快乐，而那个被爱者也无法得到前者的关注了。

然而，也有许多爱者是持久的，如果相互间的长久熟识已经令他们爱上了对方的品性的话。但是，论到那些在他们的爱之中交换的不是快乐而是功利的人，他们更不是真正的朋友，而且较难持久。当不再有利好的时候，那些为了功利而结合起来的朋友就会分道扬镳，因为他们并不是对方的爱人，而是利益的爱人。

如果单是为了快乐或功利的话，即便是那些坏人也能成为朋友，好人也能成为坏人的朋友，而且，一个不好不坏的人也能成为任何一种人的朋友。然而，如果只是为了对方之为人的话，很清楚，只有好人能够成为朋友，因为，坏人不会单纯因为别人而感到快乐，除非在他与别人的关系之中存在着某种利好。

良善之人的友谊，而且也只有这种友谊才能够抵抗住毁谤中伤。如果一个人已经长时间地证明了自己，则任何人对他的闲言碎语都将很难被人相信。正是在良善之人中间，才会有真正的信任，才会有"他绝不会对我不义"这样的感受，也只有在他们中间，我们才能找到所有的那些为真正的友谊所要求的事情。而在另外那些类型的友谊之中，无论如何都没法防止这些坏事发生。

人们甚至会将友谊之名用到那些以功利为动机的人身上，也正是在这一意义上，国家之间也被说成是友好的（friendly），因为，国家之间的联盟似乎为的就是利益。而且，既然人们也会将友谊之名用到那些为了快乐而相爱的人身上，那么，在这一意义上，小孩子之间也可以称朋友。

因此我们或许应该将这些人也放到"朋友"这个范畴下，并且说，存在几种类型的友谊。首要的类型，也即最为真正意义上的友谊，乃是由良善之人借着他们的德性而建立的友谊，而其他几种类型的友谊，则是在类比意义上所讲的友谊。因为，这些人之所以是朋友，凭由的乃是某种善的，而且是与我们在真正的友谊中所发现的那些善相似的善的东西，即便只是令人愉快的东西，也可以在热爱快乐的人看来是善的。然而，后面这两种类型的友谊并非常常是联合在一起的，相同的一些人也不是同时为了功利和快乐才变成朋友的，因为，凡仅仅是附带地关联在一起的事情，不会总耦合在一起。

友谊可以被分为上述的几种类型。败坏的人将会为了快乐或者功利才成为朋友，而且在这些方面才彼此相像，然而，良善的人却会为了对方之为人的缘故而成为朋友，他们之间的纽带，正是善和德性。因而，只有良善的人才能成为绝对意义上的朋友，而其他那些人成为朋友，不过是附带发生的事，他们之被称作"朋友"，也是类比于那些真正的朋友而言的。

基于德性的友谊才是真正的友谊

在德性方面，有些人被称作良善的，是就某种品性之状态而言的，另外一些人被称作良善的，又是就某种活动而言的，论到友谊，也是这般情况。

因为，那些生活在一起的人能从彼此间找到快乐并且相互施惠，然而，那些沉睡的人或者分居两地的人却不能施行这些友谊之活动，尽管他们有心于此。距离并不会将友谊绝对地分开，它所分开的，只是那些活动。然而，如果双方一直见不到面，似乎就真的会让人们忘了他们的友谊，因此才有谚云："眼不见，心不驻。"

无论是老人还是尖酸之人，似乎都不太容易交到朋友，因为他们身上的令人愉悦之事实在是太少了，而且没有人能够跟一个相处起来很令人痛苦或者不那么愉快的人过日子，我们的本性似乎首先就在于躲避痛苦而追求欢乐。

然而，那些彼此属意却并不生活在一起的人，似乎拥有的只是善意而非友谊。因为，任何的事情都不似朋友这般以相伴生活作为特征，之所以这么说，乃是因为，不仅有需求的人会渴求来自朋友的惠助，即便是那些至为幸福的人，也会渴求与朋友一起度日，孤独（solitude）是最不适合这种人的。然而，如果他们彼此间并不相悦，也不享受相同的一些东西，完全不似陪伴在一起的朋友们那般，则他们就不可能生活在一起。

这么说，正如我们反复在讲的，最为真正的友谊就是良善之人间的友谊。因为，绝对的善的东西，或者绝对的令人快乐的东西，似乎都是值得爱的，而且都是值得追求的，而对每一个人来说值得爱并追求的东西，也是对他来说善的且为他所喜悦的东西。然而，在这两个意义上，良善之人对良善之人来说都是值得爱的且值得追求的。

看起来，爱似乎是一种情感，而友谊则是一种品性之状态。因为，即便是对于无生命的事物，我们也可以感受到同样多的爱；然而，相互的爱却牵涉到选择，而选择正是源自某种品性之状态的事情。人们总是为了他们所爱的人而对他们爱的那些人怀有良好的祝愿，但这并非爱的情感造成的，而是某种品性之状态的结果。当人们爱着一个朋友的时候，他们也就爱着他们自身的善；因为，良善之人在成为一个朋友的时候，他也就成了对他的朋友而言的一种善。这样一来，双方都爱着他自己的善，并且彼此报以同等的善意和快乐。因为，人们常说，友谊就是公平，而这两样事情都最能在良善之人的友谊中发现。

在尖酸之辈和皓首老者之中,不会轻易发生什么友谊,他们或者不怎么温良,或者不太合群。而这些本是友谊最大的标志,也最容易催生友谊。

这也是为何较年轻的人很快就可以成为朋友,而老人却不太容易。因为,人们不会跟那些他们为之感到不悦的人交朋友。基于同样的理由,尖酸之徒也不会很快就交到朋友。然而,这样的人却可以彼此怀有善意,因为在有需求的时候,他们也会相互祝好并且相互协助。但他们很难成为朋友,他们并不愿花时间来彼此相处,也不会为对方而心悦——这些本是友谊之最大的标志。

一个人也不可能成为许多人的朋友还跟他们有着那种最为完满类型的友谊。这就好比一个人不可能在同时对很多人怀有欲爱[1]一样,因为欲爱是一种过度的情感,只有当针对一个特定个人的时候,人才会感受到这种性质的爱。而且,许多人要在同时极大地取悦同一个人,这也并非易事,或许连获得他的青眼都很难。而且,他也必须获得关于他们的经验并且与他们熟识才可能与他们建立友谊,而这又是一件很难的事。然而,当双方都着眼于功利或者快乐的时候,则完全

---

[1] 亚里士多德在这里使用的是"eran"一词,它表示的是与性有关的爱。

有可能出现一个人取悦许多人的情况,因为,对这个人来说,这些人可能都是有用的且令人愉悦的,而且他们提供的服侍也是唾手可得的。

就这两类友谊来说,为了快乐而建立的那种更像真正的友谊,因为,在这种友谊中,双方都从对方那里得到了同一样东西,并且彼此都从对方的陪伴或者相同的事情上获得了快乐,正如年轻人的友谊一样。因为,在这样的友谊之中,我们更能找到慷慨。相反,基于功利的友谊是为那些有着"商业头脑"的人准备的。

至为幸福的人们,也不需要什么有用的朋友,然而,他们却的确需要让他们心悦的朋友。因为,他们总愿意同人相处,并且,尽管他们能够在短时间内忍受痛苦之事,他们也无法一直对那些痛苦之事安之若素,哪怕是善自身,只要它对于他来说是痛苦的,那他也没法一直忍受下去。这就是为什么他们所找的朋友也是一些令人愉悦的人。也许我们该这么说,他们应该去找那些不仅令人愉悦,而且是良善的,并且对他们来说也是良善的朋友。因为,这样一来,他们就会拥有真正的朋友所应该拥有的所有那些特质了。

有权势的人所拥有的朋友似乎恰恰是不同阶层的人,其中的有些对他们来说是有用的,另外一些对他们来说则是令他们愉悦的,但是,同一个人对他们来说几乎不会是既有用也可悦的。因为，他们所寻求的，绝不是那些既能悦人又有德性的人，也不是那些既有用又着眼于高贵目标的人。为了满足他们对快乐的渴求，他们会寻求机智的人做朋友，而另外选择的一些朋友，则是能够聪敏地去完成他们所吩咐的事情的人。然而，这些品质却很难凝聚在同一个人身上。

尽管我们的确说过，良善之人同时是令人愉悦且有用的，然而，这样的一个人却不会与一个只是在职位上超过了他的人交朋友，除非那个人在德性上也超过了他。如果情况不是这样的话，则他就没法因为那个人在两方面都相应地超过了他而建立起公平。① 然而，要想找到在两个方面都超过他的人，那何其难也！

我们方才所说的这些友谊，无论是什么类型，都牵涉到公平。因为，朋友之间总要从彼此那里获得相同的东西，而且彼此祝愿相同的事情，或者用一个东西交换另一个东西，比如，用快乐交换功利。但无论如何，正如我们方才说的，这两种类型都不及真正的友谊，而且较难持久。

---

① 亚里士多德这句话的潜在的意思是，如果一个人更有权力或更有钱，但在德性上却不如另外一个人，则这样的两个人也无法建立一种牢固的友谊。因为，如此一来，有德性的人就应该在有些事情上谦让更有权的人，然而，有权的人也应该在有些事情上谦让更有德性的那个人，如此，两个人都可能不太服气对方。

既然它们与同一件事情（真正的友谊）既有相似，又存在不同，则我们就认为它们既是友谊又不是友谊。因为它们与据德性而建立的那种友谊相似，它们看起来就是友谊，因为，它们中的一种牵涉到快乐，另外一种则牵涉到功利，而这样两个东西也都是据德性而建立的那种友谊所具有的特质；然而，正因为据德性而建立的不仅不惧毁谤中伤，而且经久不衰，而这两种友谊则说翻脸就翻脸，而且在许多其他方面也与据德性而建立的那种友谊有所不同，故此，既然它们与据德性而建立的那种真正的友谊不同，它们看起来也不是什么友谊。

不对等的友谊

然而，还有一种类型的友谊，此即牵涉到双方之间的不对等的友谊，比如，父亲对儿子的，或者普遍地来说，年长者对年幼者的友谊，以及男人对妻子的，或者普遍地来说，统治者对其臣民的友谊。

这些类型的友谊也相互有别。因为，父母和子女之间的事情与统治者和其臣民之间的事情并不相同，甚至，父亲对儿子也与儿子对父亲不同，丈夫对妻子也与妻子对丈夫不同。因为，这之中的每一种关系，其所牵涉到的德性和功能都是不同的，因而，他们爱对方的理由也都是不同的。也正因此他们之间的爱和友谊的类型也是不同的。

这么说来，这些关系中的任何一方，既不会从对方那里得到相同的东西，也不应该这样来寻求。只有当孩子对待父母的方式恰好就是一个人在对待那些将他带到这个世界上的人时应有之方式的时候，并且父母也以应有的方式来对待他们的孩子的时候，这些人之间的友谊才会是持久且卓越的。

在所有这些暗含了不对等的友谊之中，爱也应该是成比例的，也即更良善的一方所得到的爱应该比他所付出的爱更多，更为有用的一方也应如是，同样，在其他每一种例子当中都应如此。因为，只有当爱与各方的优势成比例的时候，才会在一个意义上产生公平，而公平无疑就是友谊的特征。

但是，正义行为中的公平和友谊之中的公平其形式似乎是不同的。因为，在正义之行为中，在最为首要的意义上来说，公平之事是系于报偿或奖赏与功绩成比例，而数量上的平等则是其次的，然而，在友谊之中，数量上的公平却是首要的，功绩的比例倒是其次。

当这些关系的双方在德性、恶习、财富或者任何其他什么事上出现一种较大的鸿沟时，这一点就变得尤为清楚了。因为，这样一来，他们就不再是朋友了，甚至都不会期待能跟对方成什么朋友。

诸神与我们的关系就是最好的证明，因为，他们几乎在所有善的事情方面都对我们有着最为决定性的超越。以君主为例，这也同样是明显的，因为，比他们层次低太多的人也不会期待能跟他们交上什么朋友。同样，一钱不值的人也不期望能跟那些最为良善的或者最为智慧的人交上什么朋友。

在这些例子当中，要想精确界定出到底到何种地步朋友才依旧是朋友，这几乎是不可能的。因为，哪怕丧失了许多东西，友谊也是可以残存的，然而，当双方差距实在是太大了，就像人与上神的距离那样远,则友谊的可能性就不复存在了。

实际上,这就是我们要提出这一问题的起因,即作为朋友,一个人是否真的要祝愿他的朋友拥有最伟大的那些善,或者说,为诸神所拥有的那些善呢?

如果他们的朋友真的拥有了那样的善的话,也就不会再是他们的朋友了,并且因此也不再是对他们来说的善的事情了(而朋友正是善的事情)。因而,对这个问题,我们的回答是,如果我们真的说对了,朋友应该为了他的朋友而祝愿他朋友好,那么,他的朋友也必须依旧是他原来所是的那种存在者,无论他过去是哪种存在者。

因此对他来说,这是自然而然的,即只要他的朋友还是个人,那么他就应该祝愿他朋友有那些最伟大的善。也许,他也不用祝愿他朋友拥有所有的那些最伟大的善,因为,为每一个人所意愿的善的事情,大多数情况下还是为了他自己。[1]

---

[1] 亚里士多德这里的意思是说,也没有必要祝愿他的朋友拥有所有那些最伟大的善,因为,人在祝求善的时候,也是为了自己,然而,如果他为他的朋友这样来祝求的话,他则有可能失去他的朋友,而他的朋友对他自己而言本来是一件伟大的善。

友谊的本质在于爱而非被爱

因为贪心，大部分人似乎都宁愿被爱而不是去爱，这就是为何大部分人都爱受奉承。因为，奉承者就是一个处在较低位置的朋友，或者是一个佯装自己较低一些，宁愿更多地去爱而不是被爱的朋友；而被爱的那一方看起来就像是得了荣耀一般，而这正是大多数人都期待的事情。

然而，这些人却不是为了荣耀自身而选择荣耀的，他之所以选择荣耀，只是附带发生的事情。大多数人都很享受由那些身居高位的人赋予的荣耀，因为这就是他们所希望的（他们认为，从那些居高位者那里，他们能够得到他们想要的任何东西，因此他们就将这种荣耀当作受到宠幸的迹象并为之而沾沾自喜）；然而，还有一些人，渴望的则是从彼此熟识的良善之人那里获得荣耀，他们所着眼的，是（从朋友那里）确认他们自己对于他们自身的看法。因而，他们也为荣耀而欢喜，因为，基于那些谈论他们的人给出的判断所具有的力量，他们由此相信了他们自己的良善。然而，在被爱之中，人们会因为被人爱这件事本身而感到欢欣，故此，被爱看起来要好于被赋荣耀，而且，友谊也因此而成为在其自身可欲的。

然而，友谊似乎更在于爱，而非在被爱。母亲们通过爱的付出而获得的欣慰就表明了这一点。因为，有些母亲曾将自己的孩子交给别人抚养，尽管她们还爱她们的孩子，也知道那是她们的孩子，但却不会寻求从他们那里得到被爱以作为回报（如果对她们来说，去爱和被爱都是不可能的话），而是只要知道他们过得还不错就心满意足了。她们深爱着她们的孩子，即便因为不认识，她们的孩子并不会给予她们作为一个母亲所应得的爱。

友谊更多地取决于爱，而且，那些爱他们朋友的人才是值得赞扬的，因此爱似乎就是朋友间的德性。因而，只有能以应有之尺度来爱他的朋友的那些人才是持久的朋友，也只有他们的友谊才能够持存。甚至是那些不对等的人，也能够以这样一种方式而非别的方式来成为朋友，因为，通过这样的方式，他们就能够对等化了。

现在，我们说，友谊就在于对等性和相似性，尤其在于那些拥有相似德性的人之间的相似性。因为，如果他们自身是坚定的话，那么他们彼此间也是坚定不移的，既不会要求对方提供一些低级的服务，也不会向对方提供低级的服务，相反，如有人可能会说的，他们甚至会防止那些低级的事情发生。因为，良善之人的一个特征，就在于既不会自己走邪路，也不会让他的朋友误入歧途。但是，邪恶的人却没有坚定性，因为他们即便是跟自己也不会老是相像，是故，他们只在很短的时间里才会彼此做朋友，因为他们所欢欣喜悦的，乃是对方的邪恶。然而，因为有用或者可悦而建立的友谊却要比这长久得多，也即是说，只要他们能够相互提供享乐或者利好，他们的友谊就能持续下去。

为了功利而建立的友谊似乎最容易在那些相反的人之间产生，比如，在穷人和富人之间，或者在无知之徒和学识渊博者之间。因为，一个人所瞄准的目标，常常就是他实际上所缺乏的东西，而他给出的回报，则是别的什么东西。然而，在这个名目下，爱者和被爱者，美的和丑的，都有可能被聚拢在一起。这就是为何，在有些时候，当他们要求得到与他们所付出的爱一样多的时候，那些爱者看起来会非常荒谬；如果他们的确是同等可爱的，那他们的要求或许还能够是正当的，然而，当他们没有什么可爱的地方的时候，这种要求就是非常荒唐的。

朋友之间也需正义

如我们在讨论一开始就说过的，友谊与正义似乎关切到相同的一些对象，也展现在相同的一些人中间。因为，在每一个共同体之中，人们都认为存在着某种形式的正义，也存在某种形式的友谊；至少，人们在对待他们的同僚——航海旅伴和战友的时候，就像对待朋友一般，在任何其他类型的共同体之中，他们也同样是这样来对待那些跟他们会盟在一起的人的。他们之间的团体到哪一程度，他们之间的友谊就会到哪一程度，而这也便是存在于他们之间的正义所能达到的程度。"朋友所拥有的东西就是公共财产"这一谚语也表达出了这一真理；因为，友谊要依赖于人与人的共同体。然而，对于兄弟以及同志（同行同伴者）来说，所有的东西都是共有的，但就我们所提到的其他一些人而论，他们所共有的东西乃是有界限的——就其中一些人来说，他们共有的东西更多，就另外一些人而论，则更少一些。就友谊而论，也存在程度的差别，有些友谊更真一些，另外一些则不那么真。

正义也会有这样的差别。父母对孩子的责任与兄弟之间的责任就不尽相同，同志之间的责任与公民同胞之间的责任也不尽相同，在其他类型的友谊中，情况也是如此。因而，针对这每一类社会团体所发生的不正义的行为也便是有差异的，牵涉到的朋友关系越是紧密，针对他们的不正义就越是严重；比如，欺诈一位同志就要比欺诈一位公民同胞要更为糟糕，对一位兄弟的困难置若罔闻也要比漠视一个陌生人的困苦更为糟糕，同样，伤害自己的父亲也比戕害任何其他人都要糟糕。而且，对正义的需求似乎也是随着友谊的紧密程度而增长的，这暗示着，友谊与正义都是存在于相同的一些人之间的，而且有着相同的程度。

所有形式的共同体都有类似于政治共同体的部分，因为，人们乃是为了某种特定的好处，为了供给他们生活所需的东西才走到一起的；而政治共同体似乎也是为了利益而组建起来并延续的，因为，这便是立法者所着眼的目标，而且，他们也把那些与公共利益有关的事情称为正义的。

其他的共同体所着眼的则是私人的利益，比如，水手之所以希望出海顺利，为的就是赚钱之类的目的；战友之所以投入战斗，也是为了某种利好，这要么是财富，要么是胜利，要么就是夺取他们立志夺取的城市，而部落与族群的成员们也是这样来行事的。（然而，有些共同体——宗教团体和社交俱乐部[①]——似乎是为了快乐而建立的,既然这些共同体分别是为了祭献牺牲和联谊而存在的。)然而,所有的这些共同体似乎都处在政治共同体之下,因为,政治共同体所瞄准的目标,并非眼前的什么利好,而是对于整个生命来说的利好。为此,人们供奉牺牲,安排宴会,并将荣耀赋给诸神,还为他们自己提供宜人的消遣。在上古的时候,人们祭献牺牲,然后大吃大喝,似乎都发生在收获之后,以这些活动来向神供奉"第一批果实",因为,只有在这个季节,人们才有最多的闲暇。

[①] 在古希腊,社交俱乐部主要以宴会的形式出现,以享受美食和谈话作为主要活动内容。

亲属间的友谊

如我们所说,每一种友谊的形式都牵涉到社会团体。但是,有人可能会特别地把亲属之间的友谊以及同志之间的友谊拎出来归到一个独立的范畴。

公民同胞、部族同胞、航海同僚,以及与此类似的社群中的友谊,更像是纯粹的团体之友谊,因为它们似乎都建立在某种类型的协定基础之上。我们甚至都可以将宾主之间的友谊归到此类。

而亲属之间的友谊,尽管它看起来有许多类型,但好像都衍生自家长式的友谊。因为,父母爱他们的孩子,就像爱他们自己的一部分一样,而子女爱他们的父母,就像爱他们的源头一般。父母对他们后代的认知要强于孩子对于自己来自父母这一点的认知,而且,父母对于他们的孩子是自己的孩子这一点的感受,也要强于孩子对于他们之源头的感受,因为,产品总是属于其制造者(比如,一颗牙齿,一根头发,或者任何其他的什么为一个人所拥有的东西都属于那个人),然而,制造者却并不属于其产品,就算属于,那也是在一个较弱的程度上而言的。此外，时间的长度也会产生同样的结果，父母自他们的孩子诞生起就会一直爱着他们的孩子，然而，要孩子来爱他们的父母，却只能是等到一段时间之后，等到他们获得了理解力或感觉区分的能力之后。从这些考虑来看，母亲之所以总是要比父亲更爱孩子，其原因也是非常明显的。

这么说来，父母是把孩子当作他们自己来爱的，因为，从他们那里而出的，正是他们的另一个自我，只不过，这个自我是独立存在的，因而又是与他们有分别的。然而，孩子爱他们的父母，只是因为他们是从父母那里生出来的。兄弟之间互相爱护，乃是因为他们从相同的父母那里生出来。他们同他们父母的身份关系也造就了他们之间的身份关系，这就是为何人们在谈起兄弟的时候总是说"同脉相连""同气连枝"等。因而，在某个意义上，他们之间存在同一个东西（*也即兄弟间共有的血脉*），这同一个东西不过是在分离的个体中存在罢了。

有两样东西对于友谊有着极大的增益，即共同的抚养和年龄的相近。因为，不仅"相同的年纪造就同行者"，而且，被一起抚养大的两个人之间也更倾向于同心同德；因此，兄弟之间的友谊与同志之间的友谊是颇为近似的。而表亲以及其他的亲属被捆绑在一起，又是因为他们皆衍生自兄弟关系，也即因为他们的祖上是相同的父母。他们的亲疏取决于他们同其共同先祖的远近程度。

孩子对父母的友谊关系，以及人对诸神的友谊关系，就如同他们之于某种善的且优越之物的关系。因为，后者已经赋予前者最大的利惠，他们就是前者存在并受滋养的原因，而且是前者自出生起就受到的教育的原因。这样一种类型的友谊也具备可悦性和功利性，而且要比他们与陌生人之间的友谊所具备的可悦性和功利性更强，既然他们有着更多的共同生活。

兄弟间的友谊所具有的特征，也就是我们能在同志间的友谊（尤其是当这些同气相求的人还都是良善的时候），以及在普遍意义上讲的，那些彼此相像的人之间的友谊当中找到的特征。这不仅是因为他们属于彼此且自出生起便彼此相爱，也因为那些诞生自相同的父母，一起被抚养大，而且接受了相似的教育的人在品性上会更加的相像，况且，在他们这一例子之中，他们还经受了时间之最为充分的、最令人信服的考验。其他亲属之间的友谊关系是与这些亲属的远近程度相对应的。

夫妻之间的友谊似乎是借着自然而存在的，因为，男人自然地倾向于与女人结成配偶，这种倾向更甚于与他人结成城邦的倾向。因为，家庭不仅早于城邦，也比城邦更为必要，此外，就繁殖而论，男人与动物有着更多的共同点。只是，其他动物的联合以结成配偶为终点，然而，人类之所以生活在一起，不单是为了繁衍，也是为了各种各样的生活目标。

自初始起，人们的功能就是有分别的，男人所担负的功能与女人所担负的功能也是大有不同的，因此他们通过将他们各自的天赋放进同一个"仓库"来实现彼此互助。

正是因为这些理由，我们似乎不仅可以在这种类型的友谊中找到快乐，而且可以找到功利。

然而，这种友谊也有可能建立在德性基础上，只要夫妻双方都是良善之人，因为，这样一来，无论是那个男人还是那个女人，就不仅都拥有自身的德性，而且能够因在这一事实中而彼此快慰。孩子似乎就是维系他们之联合的纽带（这也是为何膝下无子的夫妻最容易一拍两散），因为，孩子就是夫妻双方共同拥有的一种善，而共同的东西会把他们凝聚在一起。

男人与其妻子之间该如何相待，或者在普遍的意义上说，朋友和朋友之间该如何相待，这个问题也就相当于问，他们如何才能正义地生活。因为，一个人在对待一个朋友、一个陌生人、一个同志以及一个同学时，其所要求有的正义乃是不同的。

功利型的友谊最易产生嫌隙

正如我们在这一考察开始时就说过的，存在着三种类型的友谊，而且，就它们每一类来看，有的是基于对等而结交的，有的则是凭着一种优越性而结交的，因为，不仅仅同等良善的人们会变成朋友，一个更良善的人也能与一个相对糟糕的人交朋友，同样，在那些为了快乐或者功利而建立起来的友谊之中，朋友也可以是对等或者不对等的，当然，这主要看他们所给出的利惠。

如果情况就是这样，那么，彼此对等的朋友必定按照双方所要求的对等化，在爱以及其他方面也创造出平等来，然而，彼此不对等的朋友则必得付出与他们的优势或劣势成比例的东西。

抱怨和谴责只会在，或者主要会在那种功利型的友谊中产生，我们能从这种友谊中期望的，也只能是这些了。

因为，那些基于德性而结交的朋友总是为了对方的善而操心（这就是德性以及友谊的标志），在这些竞相为对方而操劳的人之间，不可能有什么抱怨或者口角。任何人都不会因为被一个人爱着而且事事为他好而感到受了冒犯。如果他也是一个有着敏锐感受的人的话，那他也会事事为对方好，以此来回报对方。如果他付出的侍奉要比对方所付出的更胜一筹的话，他也不会去埋怨他的朋友，既然他达到了他本就瞄准的目标，而且每一个人也都渴求善的事情。

就算在那些为了快乐而建立的友谊之中，抱怨也不是常有的。因为，在这种友谊中，双方都得到了为他们所渴求的共同的时光，只要他们享受跟对方一起打发时间。甚至，若一个人抱怨另外一个并没有给他提供什么快乐，这都会显得很荒唐，因为，是否要与对方共度时日，这完全取决于他自己。

然而，为功利而建立的友谊却充满了争吵抱怨，因为，在他们为了自身的利益而相互利用的时候，他们总想着在这交易中得到更大的利好，而且总认为他们已经得到的比他们应该得到的更少，由此，他们总会借口自己并没有得到"想得到而且应该得到的"全部东西而责备他们的伴侣。而且，当对方需要他来惠助的时候，他又会搪塞说他自己并没有如对方所要求的那么多的东西给对方。

不对等的友谊也易产生分歧

基于优越性而建立的友谊也会产生分歧，因为，这种友谊中的每一方都期望从这种关系中得到更多，然而，当他们这么想的时候，这种友谊也便土崩瓦解了。不仅更好的那一方认为他应该得到更多（既然一个良善的人理应被分派更多的东西），而且，更为有用的那一方也同样有着这种期待。他们说，一个没用的人得到的东西就不应该与他们所应得到的一样多，因为，如果一个人得到的东西与他所付出的东西价值不一致的话，那这种友谊就不称其为一种友谊，而是变成一种公共服务了。他们认为，正如在商业伙伴关系中一样，那些投入多的人自然获得的也多，友谊中也应如是。

然而，有需求而且是劣势的那一方则会做出相反的主张，他们认为，一个朋友若是真的良善的话，那么，他就应该去帮助那些真正有需要的朋友；他们会说，如果我从中一无所获的话，同一个良善之人或者一个有权势的人交朋友还能有啥用呢？

在所有的事件上，每一方似乎都有理由提出他的主张，而且，似乎每一方从这种友谊中得到的利好都应该比另一方得到的要更多。当然，他们想得到更多的那些东西并非是相同的，就优越的一方而论，他想得到更多的荣耀，而就劣势的一方而论，他想得到更多的利益。因为，荣耀就是对于德性的奖赏，也是对于仁惠的奖赏，而利益不过是劣势的一方所要求得到的扶助。

在政治的安排中，似乎也有同样的情形。对于公共事务没有贡献任何好处的人不会被授予荣耀，因为，本属于公众的东西只会给予造福公众的人，而荣耀便是属于公众的东西。从公共事务中既得到财富又得到荣耀，那是不可能的事情。因为，在所有的事情上，任何人都不会安于较小的份额，因此人们会将荣耀授予为公众损失了财富的人，也会将财富授予那些宁愿得到金钱报酬的人，既然，如我们前面所言，若按照功绩来授予利惠，则各方就能够对等，而那一友谊也能维持下去。

这也是我们在与那些不对等者进行社会联合时可遵循之方式。一个人若在金钱或者德性方面受益了，他就必须以荣耀作为回报，尽其所能地去报偿。因为，在这样一种友谊中，一个人被要求去做的必须是他能够做到的事情，而不是价值相等的事情，因为，并非所有的恩惠都是能等量报偿的，哪怕是报以荣耀也不够，比如，付给诸神或者父母的荣耀再大，那也是不够的。甚至可以说，任何人都不可能等量地报偿他从优越的那一方获得的东西，然而，这个人若能尽其全力来服侍对方的话，倒也算是一个有德性的人。

不同的友谊需要不同的回报

正如我们前面说过的，在所有由彼此不相似的人所建立的友谊之中，都是由比例来造成各方的对等并且维系那友谊的。比如，在政治形式的友谊之中，鞋匠会因为他的鞋子而获得与其价值相应的回报，编织工以及其他所有的手艺人都是如此。在这种活动中，存在一种以货币形式出现的公共尺度，每一样东西也因此而全归为这种东西并由这种东西来衡量。

但是，在爱欲型的友谊之中，那个爱者有时会抱怨说，他所付出的深深的爱并没有得到同等的爱的回报（也许这只是因为他没有任何可爱的品质罢了），然而，被爱者也常常会嗔怪说，那个爱者先前许诺的时候，又是要摘星星又是要摘月亮的，现在却一件也没做到。

当爱者为了快乐而爱那个被爱者，那个被爱者为了功利而爱那个爱者，然而他们又都不具备对方所期望得到的那种品质的时候，这种小插曲就会时有发生。如果这些东西就是他们友谊的目标的话，一旦他们不能获得构成了他们爱的动机的那个东西的话，这种友谊就会土崩瓦解。因为，他们每一方都不曾爱过对方的人本身,他们所爱的,不过是对方所具有的某种品质,而这些品质并没有持存下来。这也是为何这种友谊常常转瞬即逝。

然而,如我们之前说的,基于品性建立的友谊却很持久,因为这种友谊是无关什么实利的。

当双方得到的东西不同而且非他们所欲求的东西的时候,罅隙也会产生。因为,当我们并没得到我们想要得到的东西的时候,那跟什么也没得到并无二致。

让我们将之与这个故事来比附一下。话说,从前有个男人对一位里拉琴手许了很多诺言,他承诺得越多,那个琴手歌就唱得越好。然而,有天早晨,那个琴手突然要求那个男人履行他的承诺,并且说,"我已经给了你这么多快乐,也该你给我快乐了"。

现在,如果这是双方都想要的事情,那倒还好说,所有的事情都会很安好。麻烦在于,如果有一方想要的是享乐,而另一方想要的是利益,而且,一方已经得到了他想要的而另一方则还没有,那么,这一社会结合所基于的那些条款就不可能被恰当地履行;因为,每一方实际上想要的东西也就是他心心念念的东西,正是为了那个东西,他才会将为他自己所拥有的东西让给对方。

然而,在这种情况下,谁来确定服务的价值呢?是做出牺牲的那个人还是已经得到好处的那个人呢？无论如何，提供了服侍的一方似乎都会将这个问题留给另一方来回答。据说，毕达哥拉斯就常干这种事情，只要他给别人教了点什么东西，他就会要那个受教者来评估他所教的那点儿知识的价值，而且接受由对方来确定的报偿。

但是，在这些事情上，有些人赞同这样一句俗语："就让一个人拥有他固定的赏金吧。"有些人先拿了钱，然后又根本不做他说他会去做的事情，因为对承诺的这种夸大，他们自然就会发现，他们自己已经成了别人埋怨的对象，既然他们并没有履行他们同意去做的事情。智者们或许是为生计所迫才这么做的，因为，没有人会为他们真的知道的那点儿事情付钱。[1] 这么说，这些人既已收了钱，如果还不办别人付钱让他们办的事的话，那就怪不得会成为别人抱怨的目标了！

然而，如果本不存在什么服务合同，有些人却还是为了对方而给予了某种服务，那么，如我们前面所说，这些人就不应该成为埋怨的对象，这就是基于德性的友谊所具有的本性；他们得到的回报也必须基于他们的意图来定，因为，正是意图，决定了一个朋友以及德性的本色。

---

[1] 古希腊的"智者"并不像他们的名号看起来那么高尚，他们谋生的手段就是通过教年轻人辩论、诉讼等技巧而获得报酬。亚里士多德在这里作讽刺意。

说起来，一个人好像也应该回报一下那些教他哲学的人。因为，这些人的价值可不是金钱可以衡量的，他们也可能不会获得什么足以与他们的服务相抵的荣耀，然而，如果这个人能尽其所能地给他们点儿东西，就像对待诸神或者他的父母一样，好像也是够的。

如果给予的东西不是这种类型的，然而当这东西被给出时，那个人着眼的也是一种回报的话，那么，无疑，对方付出的回报就最好是双方看起来都很公平，然而，如果未能做到这一点的话，那个先得到服务的人似乎就不仅有必要确定赏金，他所确定的赏金还必须是公正的。因为，如果给予服务的一方获得了与对方所接受到的好处相等的回报，或者与对方愿意为他得到的快乐而支付的价钱相等的回报，那么，他从对方那里获得的回报就会是公平的。

友谊也有亲疏之别

另外的难题是，一个人是否应该在所有的事情上都偏向他的父亲并且遵从他的父亲，或者，当一个人生病的时候，他是否应该信任医生，又或者当一个人要推举一个将军的时候，他是否应该推举一个具有军事技艺的人呢？同样，在不能兼顾的时候，一个人所提供的服务是应该更偏向于一个朋友呢，还是更偏向于一个良善的人呢，而且，他是应该向一个施惠于他的人来表达感激呢，还是为他的某个朋友来效劳呢？

所有的这些问题都很难。我们很难在这些问题上做出精确的决断，难道不是吗？因为它们中有各种各样的变量，不仅涉及这个人所提供的那一服务的重要程度，也涉及其高贵性和必要性的程度。

然而，有一点却是足够清楚的，即我们不应该在所有的事情上都偏向同一个人，而且，在大多数情况下，我们也必须回报我们所受的恩惠而非为我们的朋友效劳，这就好比，我们必须向一位债主偿还我们的借贷而不是向一个朋友发放借贷。

不过，即便是这一点，也并非永远为真的。比如，现在，你、你的父亲以及一个曾经把你从绑匪手里赎回来的人都被绑架了，那么，不管那个曾经救过你的人是谁，你都应该先为他交赎金吗？或者，如果他这次没有被绑架，但在这时却要你归还他曾为你付的赎金，那么，你应该先还他赎金吗？还是说，你应该先为你的父亲交赎金呢？似乎，你应该先为你的父亲交赎金，甚至要比为你自己交赎金还先。

正如我们前面所说，通常说来，我们应该有债必偿，但是，如果别人给到我们的东西极其尊贵，或者对我们来说是极度必要的话，那么，我们就应该先偿还这样的债务。

有时候，有些先前得到的利惠是不必同等地回报的。比如，先前的利惠被施与一个被认为是良善的人，而将要得到回报的那一方却被认为是个邪恶的人时。在这样的情况下，有时候，对于一个曾经借给过自己什么东西的人，你的确不应该同样借给他什么东西作为回报，因为，那个人在借给你东西的时候，是借给你这个良善的人，而且那人所期望的也是能从你这个良人手里收回他的借贷，然而，你若回头来借什么东西给那个人作为回报的话，则是借给了一个被认为是坏人的人，而且，你也没有希望从那个坏人手里收回借贷。因而，如果事实果真如此的话，这种"有债必偿"的要求就不是公平的。即便事实不是如此，然而，只要人们认为事实如此，如果你拒绝借出，那便也没什么值得大惊小怪的了。正如我们反复指出的，对于情感（或感受，feelings）与行动的讨论，要有与它们的主题相称的那种精确性。

我们不应该对无论什么人都做出相同的回报，也不应该在无论什么事上都偏向于自己的父亲，正如一个人不会将任何东西都献给宙斯当献祭一样，这一点我们已经说得足够清楚了。但是，既然对我们的父母、兄弟、同志以及我们的恩主，我们应该给予不同的回报，那么，我们给每一类对象的回报就应该是适当且合宜的。

这似乎就是人们在现实中的做法。当办婚事的时候，他们邀请他们的亲戚出席，因为这些人是这个家族的一部分，因而也应该是像婚礼这般影响到整个家族的大事的一分子。在办丧事的时候，出于同样的理由，他们也会在想到别人之前就首先想到让他们的亲属来参加。

有人会认为，在事关食物的事情上，我们应该在请别人动手取食之前先请我们的父母食用，既然他们于我们有哺育之恩，而且，甚至在我们动手取食之前就先为赋予了我们存在的作者们准备好食物，这也是更为荣耀的事情。而荣耀，正是一个人应该如给予诸神一样给予其父母的，当然，这也并非说任何荣耀、每一种荣耀都是这样。在这件事情而言，一个人不应该给予其父亲和母亲以相同的荣耀，也不应该将本属于一名哲学家或者将军的荣耀给予其父母,他要给的话,只能是将属于父亲的荣耀给予父亲,属于母亲的荣耀则给予母亲。

对于所有的年长者,我们也应给予与他们的年纪相称的荣耀,比如,站起来迎接他们,为他们领座,如此等等。然而,对我们的同志和兄弟,我们应该容许他们畅言无忌,并且容许他们与我们共用所有的东西。对亲戚、部族同胞、公民同胞以及所有其他类别的人,我们也应该总是尽量分派给他们合宜的东西,并且按照关系的亲疏、德性的好坏或者用处的大小来比照每一类人提出的要求。

当我们面对的人皆属于相同类别的人的时候,这种比较会更容易一些,若他们分属于不同的类别,这种比较就会变得比较费心。然而,我们万勿因为怕费心而对此畏缩不顾,而是要尽我们所能做出决断。

友谊该终结的时候就得终结

另外一个问题出现了,即当另一方不再如故,那么,这一友谊应不应该就此决裂呢?

对于这个问题,我们或许可以说,终止一段建立在功利或快乐基础上的友谊,这没什么好大惊小怪的,只要我们原来的那个朋友不再拥有这方面的属性。因为,在这种友谊之中,我们不过是这些属性的朋友罢了,当这些属性不复存在,那我们就不再爱了,这完全是合理的。

然而,如果他过去爱我们的时候,不过是因为我们对他有用或者令他快乐,他却假装是因为我们的品性才爱我们的,这样的话,双方就可能在分手时出现相互埋怨的情况。因为,如我们一开始就说过的,当两个人成为朋友时,他们有着共同秉承的精神,然而,当他们不再是持有那一精神的朋友时,大多数分歧都会纷至沓来。

因此,若我们曾蒙骗我们自己,认为我们的朋友乃是为着我们的品性而爱着我们的,那么,一旦这个人丝毫没有展现出这一点,我们就必定要责备我们自己了。若我们是受了这个人的蒙骗，为他的伪装所迷惑，我们就可以正当地对这个骗子加以谴责。我们对这个骗子的谴责，比起我们对制造假币的谴责来都还要显得正当，因为，这个骗子的过错所侵犯的，乃是一种更为有价值的东西。

然而，如果我们将某个人当作良人来接受，结果他却是个恶汉，还昭然若揭，那么，我们还有必要继续爱他吗？这当然是不可能的，并不是什么东西都能够被爱，而是只有善的东西才能够被爱。恶的东西，既不能够被爱，也不应该被爱，因为，我们绝不应该爱恶的东西，也绝不应该变得与坏人相像，而且，我们前面也说了，"相像与相像才交朋友"。

那么，这种友谊必须立刻决裂吗？还是说，并非在所有的情形中都须如此，我们只须在那个朋友实在是坏到无可救药的时候才立刻决裂？

我们的回答是，如果他还能够被重新塑造的话，那么，我们就应该尽力来挽救他的品性，而且应该比挽救他的财产更用心，因为，品性是比财产更好的东西，更是友谊的一部分。然而，若一个人解散了这样一种友谊，那似乎也没什么可奇怪的，因为，他过去交的那个朋友可不是现在这样一种人。因而，当我们的朋友已经变了，而我们也不能让他浪子回头，我们就干脆放弃他好了。

然而，如果一个朋友总是老样子，而另外一方则变得更好了，在德性上也远胜于前者了，那么，后者还应该把前者当作朋友吗？

不，这当然不可能。当这种差距很大的时候，这一点会尤为明白，比如，孩提时代的友谊就是这般情况。如果朋友中的一方在理智上还仍然处在一个孩子的水平，而另一方已经变成了一个完全发育的人，此时，他们两人就既不会赞许同一件事，也不会因相同的一些事情而感到快乐或者感到痛苦，那他们还怎么可能是朋友呢？对这二者而言，不仅他们对事情的品味不一致，哪怕是抛开这种分歧不谈，他们也不可能再做朋友，因为，他们根本就不可能在一起生活。这一点，我们在前面就讲过了。

那么，更好的那一方应该像从未和他做过朋友那般来对待他吗？无疑，他应该保有对于他们之前的亲密时光的记忆。而且，正像我们认为我们应该更多地为朋友而非为陌生人效劳一样，对于那些曾经是我们朋友的人，我们也应该念及旧情，对他们稍稍眷顾一下，只要他们的邪恶还没有过分到足以令这一友谊彻底瓦解。

朋友贵精不贵多

那么，我们应该尽可能多交朋友吗？或者，正如有人在论到好客之道时所谏言的，一个人"不要招徕太多的客人，也不要谁都不招徕"，我们也要把这一原则运用到友谊上吗？既不要一个朋友都没有，也不要拥有过多数量的朋友，这真的是合适的吗？

就以功利为着眼点的朋友来说，这句箴言似乎完全是适用的，因为，要服侍这许多人以作为回报，这的确是个费力的任务，而且，我们的生命有涯，而这种服侍却无涯。因而，拥有许多朋友，以至于超过了我们自己生命所需，这完全是种多余，也对高贵的生活构成了妨害。因此，我们完全不需要那么多朋友。论到仅仅着眼于快乐的朋友，情况也是一样，少数几个就够了，就像调味料一样，一点点也就够了。

但是，论到良善之友，我们就应该多多益善吗，还是说，就像一个城邦总有一定的规模一样，这样的朋友在数量上也应该有限定呢？

自然，靠十条汉子，你建不起一个城邦，然而，如果这个城邦有几十万人，那它也不复是一个城邦了。我们只能说，那个合适的数量大概不会是一个精确的数字，而是在一定区间之内。因而，就拥有这样的朋友而论，其数目也一样应该有限定，其最大的数目或许就是不至于令一个人无法忍受与他们一起生活的那个数目，之所以用这个来定标准，是因为，我们已然发现，共同生活正是友谊的特征之一。而且，与城邦的例子一样清楚的是，一个人不可能同许多人一起生活，并将自己分成很多瓣予以他们。

而且，如果这些朋友全都终日相伴的话，他们彼此之间也必须成为朋友。而要许多的人都能够一起度日，这也是一件很难完成的任务。再者，要与许多人都以一种亲密的方式来同喜同悲，这好像也很难。因为，这很可能会导致这种情况发生，也即一个人将不得不在牵着一个朋友共享幸福的同时，还抱着另外一个朋友哀伤不已。照这样说，好的做法大概只能是：不要尽可能多地交朋友，只要交的朋友足以满足共同生活的目标就够了，既然我们似乎完全没可能同时成为许多人的好朋友。这也是一个人不可能同时对好几个人都抱以欲爱的原因。在理念上讲，欲爱就是一种过度的友谊，而且只能针对一个个体。因此，亲密的友谊也只能针对为数不多的人产生。

这一点似乎能在实践中得到确证。因为，现实中，那种同袍式的友谊是没法在一大群人中间找到的，而那些著名的友谊，也往往发生在两个个人之间。那些朋友众多，而且都与他们打成一片的人，事实上也不是任何人的朋友，除非是在专属于"公民同胞"之友谊的意义上讲。这样一些人，也被叫作"巴结汉"（obsequious）。事实上，以专属于公民同胞的方式，一个人的确可以成为许多人的朋友，还能保持一个真正的良善之人的本色，不必溜须拍马。然而，如果是基于德性，基于对方本身所拥有的品性，我们不可能跟许多人都建立友谊，只要我们能找到几个这样的，我们就该知足了！

无论是发达还是贫乏，我们都需要朋友

在我们行大运的时候还是遭厄运的时候，我们才更需要朋友呢？这两种情况我们要一起探究。

因为，前面说了，厄运中的人的确需要援手，而在人发达的时候，也需要人跟他一起生活，并且做他们施惠的对象，既然他们有意愿来对别人施善举。这么说来，在厄运之中，友谊显得更为必要，在这种情形中，人们想要的常常是有用的朋友。然而，在行好运的时候，友谊就显得更为高贵了，而在这种情形中，我们寻觅的朋友也是些良善之人，为这些人提供利好并与他们共同生活乃是一件更值得欲求的事情。

不管是在顺境中还是在逆境中，朋友的出现都是一件令人欢欣的事情，当朋友与我们一起悲伤的时候，我们的痛苦总能减轻几分。

不管怎么说，当我们看见朋友的时候，无疑都会感到高兴，尤其是当我们还处在厄运之中的时候，那就更其如此。这会变成我们抵抗悲伤的坚盾。因为，只要我们的朋友是通人情的，他就会倾向于来抚慰我们，不仅借着他及时的出现，

也借着他温柔的话语，既然他深知我们的品性，也深知哪些事情会令我们开心，哪些又会令我们痛苦。

但是，当我们看见他为我们的不幸感到痛苦的时候，我们也会为之而不安，因为，每个人都不愿自己成为引起他朋友之痛苦的原因。为此，那些有男子气的人总是很照顾他的朋友，从不轻易将他所担的痛苦在朋友面前流露出来；除非他是一个对痛苦格外无感的人，否则，这样的人绝不能忍受自己给朋友带来任何的痛苦。而且，大体上说来，他也不会容忍别人与他一起忧忧戚戚，因为他自己就不是一个喜欢悲伤的人。

然而，在女子以及那些女里女气的男子处在悲痛之中的时候，他们却很享受别人的同情，还将那些同情者当作朋友来爱，并将他们视为悲苦中的同伴。

当然，在所有的事情上，那些更好类型的人显然才是我们应该去仿效的对象。

在另一方面而言，当我们发达的时候，朋友的出现就暗含了双重的快乐，既包括他们与我们一起度过的快乐时光，也包括我们在意识到他们也会为我们的好运感到高兴时所感受到的快乐。

正因此，当我们鸿运当头的时候，我们似乎应该立即召唤我们的朋友来与我们一起分享好运，因为惠益他人是一种高贵的品性。然而，如果我们霉运临头，我们还要不要召唤他们，这事儿就得掂量掂量了。因为，我们应该尽可能少让他们来分担我们的不幸，为此，人们才说："我自己倒霉也就够了。"我们若真的要召唤朋友，也应该是在他们能够为我们提供很大的帮助，他们自己却不会因此而平添许多麻烦的时候。

相反，就我们自己来说，在我们的朋友落难的时候，我们却应该不请自到，热心为他们提供帮助。因为，真朋友的标志之一，正在于提供帮助，尤其是给那些需要帮助却又不好意思开口的朋友提供帮助，因为，这样的情形对两方来说都是更为高贵、更为令人高兴的。

然而，在我们的朋友发达的时候，我们应该乐意参与到他们的活动之中，因为，他们也需要朋友来与他们一起分享。只是，这时我们切勿急于接受他们的善意，而是要推辞一下，因为，如果在接受别人恩惠时太过急切，那就显得不那么高贵了。当然，对他们的好意，我们也勿坚辞不受，因为，我们也不能因此而落个"煞风景"（kill-joys）的名声，那样的事情可是时有发生的。

这样看来，朋友的出现似乎在所有的情境中都是值得欲求的。

朋友之间需要有共同生活

既然对爱者而言，能看见被爱者就是他们最爱的事情，而且，他们也乐意对其他人抱有这种感觉，因为，爱之所以是爱，爱的源起，都主要取决于这种感觉，那么，朋友间难道不也是这样，以至于最值得他们去追求的事就是能共同生活吗？

当然是这样。因为，友谊就是一种伙伴关系，一个人之于他的朋友，就好比他之于他自身一般；就他自身而言，他对于他自身存在的意识乃是为他所欲求的，同样，他对于他朋友之存在的意识也是为他所欲求的，而这种意识活动是在他们共同生活时才产生的，因而，他渴慕这种共同生活便是件很自然的事了。

而且，对于他们之中的每一方而言，无论存在意味着什么，也无论他们选择去过活的时候为的是哪一方，反正，在他们与朋友相伴的时候，他们想追求的就是这样的事情。有些朋友一起饮酒，有些朋友一起玩色子，另外一些则一起做体育锻炼或者狩猎，要么就是在一起研习哲学，每一群朋友都将他们的时光一起投入他们在生活中最为热爱的那些事情上。因为，既然他们想与他们的朋友一起过活，他们就必会做，必会分享那些能够给他们带来共同生活之感受的事情。

这么说来，坏人的友谊最终仍然是坏的，因为，既然他们缺乏稳定性，他们也便只在一些坏的追求上才加以联合，他们还会因为变得彼此相似而全都变得邪恶起来。然而，良善之人的友谊却是善的，因为其善性会因为他们彼此相伴而增进，而且，通过他们的活动以及彼此间的提携敦促，他们也会变得更加良善，因为，他们彼此都从对方那里找到了为他们所心仪的那些品格的模板，因此才有谚云："高贵来自高贵的人们。"

朋友就是另一个自我

我们与邻人之间的友好关系，连同我们区分不同友谊的那些标志，似乎都源自我们同我们自身的关系。

因为，根据我们的定义，所谓朋友，就是一个能够为了他的朋友而祝愿并且愿意实施善的人；要么，就是一个为了他的朋友而祝愿他存在并且活下去的人——这是母亲对其孩子的态度，也是两个发生了冲突的朋友彼此的态度。而且，有人把朋友定义为一起生活并且拥有着相同品位的人，或者是一个与其朋友同喜同悲的人——这种态度也特别能在母亲们当中找到。凭着这样一些特征，友谊也得到了定义。

然而，这些特征中的每一个，也都符合良善之人同其自身的关系。这也符合所有其他的认为他们自己很良善的人的情况——如我们之前所说，德性与良善的人似乎是每一类事情的尺度。

因为，他的意见总是和谐的，而且以他的整个灵魂来欲求的也是相同的一些事，因此他也会为他自己而祝愿善的以及看起来善的事情，然后还会去实施它（因为，良善之人的特征之一，就是努力实现善的事情）。并且，他还是为了他自身而实施的,因为,他是为了他身上那一理智要素而这么做的,而那一理智要素就等同于这个人本身。

此外,他也祝愿他自己是活的并且能继续活下去,尤其祝愿令他得以思考的那一理智要素能持存下去。因为,对于有德性的人来说,存在即是善的,而每个人都会祝愿自己拥有善的东西。对任何人来说,如果必须以失去他自己为代价,即便像上神一样拥有全世界的善,那又能如何呢?毋宁是以他仍然是他自身为前提,他才会去祝求这世上的每一种善,无论他自己是个什么。而那个思想的要素似乎就是这个个体的人,或者说,比他身上的任何其他要素都更是他自己。

这样的一个人意愿与他自己待在一起,因为,他这么做时会很快乐,既然他过去所作所为的记忆都会令他欢欣,而他对未来的希望也是善的,并且因此也是令他欢欣的。他的心灵也充满了供他沉思的问题。他和他自己一起哀伤,一起欢喜。因为,对他来说,一件事若令他痛苦,就总是令他痛苦,若令他欢喜,就总是令他欢喜,不会此一时彼一时。这么说来,他是绝不会有任何可懊悔之事的。

这每一特征都可以在良善之人同他自身的关系中找到,而且,他与他朋友的关系就如同他同他自己的关系一样(因为他的朋友就是他的另一个自我),因而,友谊也被认为是这些属性中的一个,并且,那些拥有这些属性的人也便彼此是朋友。

一个人和他自身是否真的有所谓的友谊，这个问题我们可以先存而不论。实际上，从我们前面提到的那些为友谊所具备的属性来看，而且，从友谊的顶峰就好比一个人对其自己的爱这一事实出发，且就他可以被看成两个或更多的部分而论，似乎是有所谓他和他自身的友谊的。

然而，我们前面所列举的那些属性似乎甚至也可以在很多庸人身上找到，尽管他们可能是些卑微而可怜的造物。那么，我们要问，就因为他们也满意于他们自己而且认为自己是善的，他们便真的分享了这些属性吗？

毫无疑问，任何人，只要他彻头彻尾地败坏，还不敬神，那他就不可能拥有这些属性，甚至连在表面上拥有这些属性都无可能。

即便犯了较小的恶的人也难以拥有这些属性。因为，这些人自己总在变化，对某些事情，他们怀着肉体欲望，对于另外一些事物，他们又有理性的欲求。比如，不自制的人就是这样。这些人所选择的，不是他们自己认为是善的事情，而是那些能给他带来快乐实际却有害的事情。

另外一些人也是这样，因为怯懦和懒惰，即便面临他们认为对他们自己最好的事情，他们也缩手缩脚，不去实行。

而那些恶迹斑斑，并且因为他们的邪恶而受千夫所指的家伙，甚至会逃避他们自己的生命并摧毁他们自己。

邪恶的人总是寻寻觅觅,想找人与他们一起生活,然而却害怕跟自己照面。因为,当他们与自己相伴的时候,他们所记得的,不过是许多令他们作呕的事迹,他们所预期的,也差不多是那样的事情,只有当他们与别人在一起的时候,他们才能将那些事情忘却。

因为在他们之中没有任何可爱的地方,他们对自己也便没有丝毫的爱的感受。因此这些人也不会陪着自己一起欢欣或悲伤,因为他们的灵魂充满了争吵与内讧,其中的一个部分,出于它的邪恶,会在不能实施某些特定的行为时感到悲伤,另一部分却会为此而高兴;而且,一个部分会要求他们向这个方向前行,而另一个部分又会让他们向那个方向走,仿佛要将他们生生撕碎一般。既然一个人不可能同时既受痛苦又被取悦,那么,在所有的事件上,只要他感到过快乐,只消一会儿,他就又会感到痛苦,他甚至都会希望这些事情不曾令他感到快乐过。败坏的人,总是充满了懊丧和痛悔。

因此败坏的人甚至都不会倾向于对他自己友善相待。因为,在他之中,没有什么东西是可以令他去爱的。如果一个人是这样的话,那可算是凄惨到极致了。

故而,我们应该绷紧我们的每条神经以避开邪恶,我们也应该奋力去成为良善的人,因为,这样,而且也只有这样,我们才能友好地对待我们自身,也才能成为别人的朋友。

在友谊中正确地爱自己

这个问题也常引起争论，即一个人应该最爱他自己呢，还是应该最爱其他什么人？

人们常常批评那些最爱他们自己的人，并且将这些人称作"自己的爱人"（self-lovers），当然，是在贬义上说的。一个败坏的人似乎做什么事情都是为了他自己，而且，他越是这样，他也就越是邪恶，也正因此人们会谴责他，说他万事不离自己的那点好处。然而，良善之人行事却是为了荣耀，而且，他越是为此，他也就越是良善，而且，他也为他朋友而作为，并且不惜牺牲他自己的利益。

但是，事实与这些论证有冲突，当然，这也并不值得奇怪。因为，人们说了，一个人应该最爱他的最好的朋友，而一个人最好的朋友，就是一个为了对方而替对方祝求善的事情的人，即便对方并不知道这一点。然而，这样的属性似乎最能在一个人针对他自己的态度中找到，所有其他那些能定义一个朋友的属性也皆是如此。因为，我们前面说了，正是从这样一种关系，也即从自己同自己的关系，友谊之所有的特征才扩展到我们的邻人。

所有的那些箴言也都同意这一点，比如，"（朋友就是）单个的灵魂"，又有，"朋友所拥有的，都是共有的"，再有，"友谊就是公平"，以及，"仁爱发源于家中"。因为，所有的这些印记都最能够在一个人同他自身的关系中找到，他就是他自己的最好的朋友，因此也应该最爱他自己。

那么，我们到底应该跟随这两种看法中的哪种呢？这的确是个问题，因为，这两种看法看起来都有些道理。或许，我们应该把这样两个论证分开来看，分别看看在何种程度上，以及在哪些方面，它们才是对的。如果我们理解了每一派的人在使用"自己的爱人"这一短语时所指的意义，它们的真理性或许就会变得清楚起来。

那些把这个词当作一种谴责来用的人，将"自爱"用到那些令自己委身于更大份额的财富、荣耀以及肉体快乐的人身上。因为，这些东西便是大多数人都欲求的，而且是被大多数人都当作世间最好的东西而为之庸庸碌碌的东西，这也是为什么它们会变成人们所竞逐的目标。因而，那些为这些东西而贪婪攫取的人不过是为了满足他们的欲望，以及在普遍的层面而言的情感和灵魂中那一非理性的部分。而且，大部分人都具有这样一种本性，这也是为什么"自己的爱人"这个绰号得以如其所是地用到这些人身上——它从这种流行类型的"自爱"中取得其意义，自然，这个意义是坏的。

因此，应该为这种行径而受谴责的人，正是那些在这个方式上成为"自己的爱人"的人。正是那些人，也即偏向于这类对象的人，通常才被大多数人称为"自己的爱人"，这是十分清楚的。如果一个人总是最最操心他自己是否行事公正、节制或者契合其他的什么德性，在普遍的意义上讲就是，如果他总是努力确保他自己行进在值得荣耀的大道上，那么，任何人都不会将这样一个人称为"自己的爱人"或者责备他。

然而，这样一个人似乎应该比前面说的那些人更是一个自我的爱人。在所有的行动上，他都将自己委身于那些最为高贵且良善的事物，他所满足的，乃是他自身之中最具权威的那个要素，也便是他应该在所有的事情上都听令于它的那个要素（理性）。一个城邦，或者任何其他的成系统的整体，似乎最等同于在其之中的那个最具权威的要素，同样，一个人也是如此。因此，这个人如果爱他身上的那个最具权威的要素并且努力去满足它的话，那他就最是一个自我之爱人。

此外，我们也会因为一个人是不是受他理性的控制而说他是有自控或没有自控的，而我们之所以这么说，就是基于这一假定：这个人的理性就是这个人自身。同样，我们也会认为，人们基于一种理性原则而成就的事情也最是他们自身的作为，而且最是自愿的作为。这么说来，很清楚，这个部分便是这个人自身，或者说，比他身上任何其他部分都更是他自身。同样清楚的是，良善的人也总是最爱他身上的这一部分。

因而，从这一点我们便可推导说，这种人是最为真正的自我之爱人。但他与那类贬义上的自我之爱人大为不同，这种不同，就好比按照一个理性原则来生活的人与受激情驱使而生活的人的分别，也似追求高贵之事的人和追求看起来有利之事的人的差异。

因而，那些以一种格外突出的程度投身于高贵之行为的人最能得到所有人的首肯与赞许。而且，如果所有的人都为了高贵之事而努力，并且绷紧他的每根神经去行最为高贵的行迹，那么，每一样事情都将如其所应该的那样增进公共的福祉，而且，每个人也都将能够确保他自己获得那些最为伟大的善，既然德性就是诸般善之中最为伟大的。

因而，良善之人应该就是一个自我之爱人。这样一来，他就不仅会因为实施高贵的行动而造福他自身，而且会造福他的同胞。然而，邪恶的人却不应该是一个自我之爱人，因为如果是这样，他就会听从激情而作恶，进而，他不仅会伤害他自身，也会伤害他的邻人。因为，就邪恶的人来说，他的行为总是与他应该去做的事发生冲突，然而，良善的人却只做他应该去做的事情。这又是因为，在不同的拥有理性者身上，理性都总是会选择对它自己来说最好的事情，然而，只有良善之人才会听命于他的理性。

就良善之人而论，这一点也是真的：他做许多事情，都是为了他的朋友和他的国家，在有必要的时候，他甚至会为它们而死。

因为，为了给他自己赢得高贵性，无论对于财富还是荣耀，以及普遍说来的为庸众们所竞逐的那些善，他都可以弃若草芥。对他来说，强烈的快乐哪怕只有一瞬，也比经久但温暾的享乐要更值得追求；高贵的生活哪怕只有 12 个月，也要比持续数年却乏味地活着更值得热爱；伟大而高贵的行动就算只有一次，也远胜于许多微不足道的琐事。无疑，那些为他人而牺牲的人获得的就是这一结果，也正因此，他们为他们自己选择的，乃是一种伟大的奖赏。

他们也会为了他们的朋友能得到更多而宁愿舍弃自己的财富，因为，当其朋友获得了财富的时候，这样一个人自己则实现了高贵性。因此，他在这么做的时候，实际上是在把更大的那种善分配给他自己。

对待荣耀和职位，他也同样如是。所有的这些东西都是他会为他的朋友而牺牲的。因为，对他自己来说，这样做是高贵的，也是值得颂扬的。

他当然要被认为是良善的，在万事之前，他首先选择的乃是高贵。为了支持他的朋友，他甚至会把那些高贵的行为谦让给他的朋友来实施，因为，对他来说，比起自己来做那些高贵之事，成为他朋友行高贵之事的原因是一件更高贵的事情。这么说来，在所有能令人们受到赞扬的事情上，这个良善之人都命他自身去承担更大份额的高贵之事。

那么，在这个意义上，正如我们之前所说的，一个人才应该成为自我之爱人；然而，在庸众们被称为自我之爱人的那一意义上，他却不应该成为所谓的"自我之爱人"。

幸福的人也仍然需要朋友

幸福的人还需不需要朋友，这也是一个为人们争论不休的问题。

有人说，那些至为幸福而且自足的人是不再需要什么朋友的，因为，他们已经拥有了那些良善的事情，并且因此而是自足的，不再需要任何其他东西的人。一个朋友，作为"另一个自我"，是对一个人所不能凭其自身的努力而提供的东西的补足。因此才有人云："在我们鸿运当头的时候，还需要朋友做什么呢？"

但是，如果一个人把所有善的事情都归赋到幸福的人头上，却独独没有把朋友归给他，这看起来是颇为奇怪的，须知，朋友可是所有外在的善当中最伟大的那个。

况且，如果善待别人要比受到别人善待更属于一个朋友的特征的话，如果去授予利惠就是良善而有德性的人的特质的话，并且，如果对朋友行善举要比对陌生人行善举更为高贵的话，则良善之人就需要他人，以便他可以去实行善举。这就是人们会问，我们到底是在兴旺发达的时候更需要朋友，还是在贫乏困顿的时候更需要朋友的原因。这个问题的前提也即不仅一个处在贫乏困顿中的人的确需要人们来施给他恩惠,而且,那些兴旺发达的人也需要人们来做他行善举的对象。

无疑,要令至为幸福的人变成一个孤家寡人,这实在是够奇怪的!因为,如果一个人只剩自己跟自己形影相吊,就算拥有全世界又如何呢?既然人是一种政治的(社会的)动物,他的天性就是与其他人一起生活。

因此即便是幸福的人也是与他人一起生活的。因为,凡天然是善的事情,他都得拥有,而且,很显然,与朋友以及良善之人共度时日也要比与陌生人或者随便碰到的什么人一起消磨时光更好。因此之故,幸福的人也需要朋友。

那么,第一派意见到底是什么意思呢,它从哪方面来说才是正确的呢?它那么说,是不是因为和大多数人一样,都只将对他们有用的人看作了朋友呢?这样的朋友,自然是至为幸福的人不需要的,既然他本已经拥有了很多善的事情。而且,他也不需要常人们会因快乐而乐意结交的朋友,或者说,他就算需要那类朋友,也只是在一个很小的程度上,因为,他的生命本身就是充满快乐的,不再需要什么"意外之喜"了。正因为他也不需要这样的朋友,他才被人们认为不需要什么朋友。

但这无疑是错的。因为,我们在一开始就说了,幸福是一种活动，而活动，很显然是渐成的，不似一件财物一样是一个人现下就具备的。

幸福，就像我们一开始便说过的，就在于持续活着并活动，而良善之人的活动则是有德性的，而且是本身就令人愉快的；再者，能令一件事物变得可悦的那些属性其中之一就在于它能为一个人自己所拥有；再者，我们能够更好地探赜我们的邻人而不是我们自己，更好地探赜我们邻人的行动而非我们自己的行动；再者，良善之人能够在那些既有德性又是他朋友的人的行为之中找到快乐（这种人所具备的两种品质，也即良善与可爱，都是自然地令人愉悦的）。如果这些说法都是真的话，那么，至为幸福的人也将需要这种朋友，他的目标，就在于去探赜有价值的行为，而且是他自己的有价值的行为，而一个不仅良善还是他朋友的人的行为就具备这些特质。[1] 进一步来说，人们常认为，幸福的人应该愉快地活着。如果他是孤家寡人的话，那么，生活对他而言就并非

---

[1] 亚里士多德所用的这一论证很长，其大意在于，一个幸福的人如果是幸福的，他就必去沉思自己的作为，看自己的作为是不是善的且令他愉悦的，然而，探究自己终归不如探究别人来得清楚，因为，我们并不总是能清醒察觉自己的行为举止，这样，即便是幸福的人，也需要有一个人，就像他自己的镜子一般照出他自己的行为。为他所需要的这面镜子，就是朋友，而且，这个朋友还必定是有德性的，否则也不足以成为这个幸福之人的一面镜子。

易事。因为，仅凭一个人自己，是很难保持持续活动的，然而，与他人一起活动而且把活动指向他人，这就容易得多。因而，与他人一起，他的活动才是更为经久、更可持续的，而且，这也才是在其自身就可悦的。

对于至为幸福的人来说，事情应该就是这样，因为，一个良善之人，作为良善的人，总是喜悦于有德之行却憎恶于邪恶之事，正如一个懂音乐的人总是为优美的曲子而解颐颔首，为蹩脚的调子则愁眉顿蹙一般。而且，正如特奥根尼斯从前说过的，与善人相伴，也有益于淬炼我们的德性。

如果我们向事物本性的更深处观看，我们会发现，一个有德性的朋友似乎天然就为一个有德性的人所欲求。

……

所有的人都欲求生命，尤其是那些良善的且至为幸福的人，因为，对这些人来说，不仅生命是最值得追求的东西，他们的存在也最是幸福的。这一事实似乎表明，生命本身就是善的而且是可悦的。

……再进一步说，生命同样也是可欲的，尤其对于良善之人来说更是如此，因为对他们而言，存在即是善的，也即是可悦的，他们会因为意识到了某种自身即是善的东西已然呈现在他们之中而感到欢欣。

最后一点来说，有德性的人对他朋友的感受，就如同对他自己的感受一样，他的朋友就是他的另一个自我。

如果前面的这些（前提）都是对的话，那么，正如他自身的存在对每一个人来说都是值得欲求的一样，他的朋友的存在也是，或者几乎也是值得每一个人欲求的。

他的存在之所以会被视为值得欲求的，乃是因为他感知到了他自身的善性，而且，这样的感知本身就是可悦的。因而，他也需要意识到他的朋友的存在，而要实现这一点，就需要他们一起生活，并且一起讨论，一起思想。因为，对于有德性的人来说，这才是共同生活的意义所在，共同生活并不是像牲口一样，只是在同一个地方吃食。

这么说来，如果对于至为幸福的人来说，存在本身即是值得追求的话（*它本性上即是善的且可悦的*），而且，他的朋友的存在也完全是一样值得追求的话，则一个朋友就将是值得他去追求的事情之一。无论什么对他来说值得追求的东西，他都必定要拥有，否则，他就将在那一方面有所缺失。因此，一个人要想幸福的话，他就必将需要一些朋友，而且是有德性的朋友。

IX

幸福与一些外在的善

可以说，每一个人以及群体都有某个特定的目的，这个目的决定了他们选择什么，也决定了他们逃避什么。要而言之，这个目的就是幸福以及构成它的那些东西。因此……所有人在劝告别人做些什么事或不要做什么事时，都涉及幸福以及那些有利于幸福或妨害幸福的东西。

无论什么事情，若它能创造幸福或增进幸福，甚或只是增进部分的幸福，则它就是我们应该去做的；无论什么事情，若它摧毁或妨害了幸福，甚或只是导致了幸福的对立面，也都是我们不应该去做的。

我们可以将幸福界定为与德性结合在一起的生命之兴盛；或者界定为生命的独立；或者界定为对于最大程度之愉悦的稳当的享受；或者界定为一种在财产与身体方面拥有的良好的条件，并且有能力去保护他的财产与身体并运用它们。大概每个人都会同意，幸福多多少少就在于这些事情。

从这些关于幸福的定义出发，我们可以想见，幸福的构成部分包括好的出身、良友、财富、优秀的后代、繁盛的家族、晚年幸福，也包括诸如健康、健美、力量、身材的挺拔、竞技能力等身体层面的优越，以及名声、荣誉、好运气与伦理德性。

如果一个人能拥有这些内在的与外在的善（属于灵魂的与身体的那些善是内在的，而好的出身、朋友、金钱以及荣耀则都是外在的善），他不可能不是个完全独立的人。因为，他若有了这些，夫复何求呢？！

进一步来说，我们认为他也应该拥有资源与运气，以便令他的生活能实实在在地过得安稳。现在，让我们来确定一下，这每一件事情本质上都是什么。

对于一个种族或一个城邦来讲，好的出身意味着它的成员都是土生土长的或者血统古远，其最初的那些首领应该是些特出卓越的人，并且从他们那里还繁衍出许多拥有着我们所倾慕的品质的杰出后代。

就一个个体而言，好的出身要么来自其父亲那边，要么源自他母亲那边。这要求他的父母都得是自由民，而且，这也意味着，与城邦的情况一样，他的血统的奠基者必须是因其德性、财富或者其他什么为人们高度赞扬的东西而声名卓著的，而且，这个家族中还得有许多煊赫之人，无论男的女的、老的少的。

拥有好的子女、儿孙满堂，人们都很清楚这指什么。对一个共同体来说，这二者意味着这个共同体的年轻人数量众多，而且品质上乘，这不仅包括身体方面的德性，比如挺拔、健美、健壮、竞技能力，而且包括灵魂方面的德性，对于一个年轻人来说，这就是节制与勇敢。对于一个个体而言，这二者意味着，不仅他自己的子女要数量众多，那些子女还拥有我们刚描述过的那些好的品质。我们这里所说的既包括儿子也包括女儿，就女儿而言，身体方面的好品质包括美貌与身材的丰朗，灵魂方面的好品质则包括自律以及勤劳但又不至于卑贱遢遢。对共同体来说，与个体一样，除了他们的男子外，其女子也不应该缺乏这些完美性中的任何一个。不能像在斯巴达人那里一样，女人如同糟糠，导致他们几乎有一半人的生活都不幸福。

财富的构成包括：充足的钱币与土地，拥有大量的、宽敞的且漂亮的地产，还拥有为数众多且精美的生产与生活器械、牲畜以及奴隶。

所有这些类别的财产都应是我们自己的，并且是安全的、体面的而且有用的。有用的那类就是能够有收益的那些，而体面的那类则是能够提供享受的那些。我说"有收益的"，指的就是能给我们带来收入的东西；我说"可享受的"，指的就是除了使用它们，我们不能从其得到任何值得一提之物的东西。安全的标准则在于我们对财产的所有权，也就是说，在某些地方以及某些条件下，我们总是有权去支配那些财产；如果我们能凭自己的权利来处置或不处置那些财产，则它们才算我们自己拥有的。我说的"处置它们"指的是放弃或者变卖它们。整体上而言，财富就在于对那些东西的使用而非占有；构成了财富的实际上是这一行为——使用财产。

名声意味着受到每一个人的尊重，或者意指拥有为所有的人，或大多数人，或良善之人，或智慧之人所渴求的某种品质。

荣誉是一个人因其操持善行而闻名的标志。它主要给予而且专门给予那些已经为善的人，但也会给予一个能够在将来为善的人。

为善要么涉及对于生命以及生命之手段的葆有，要么涉及财富，要么涉及其他一些好的事情，这些事情常常是不容易达到的，或者在某个特殊的地点或时间是不容易达到的，有许多人因为某些看起来很小的事情而获得荣誉，就是因为就地点和场合来考量，那些事情是殊为不易的。

构成了荣誉的东西包括：牺牲、以诗歌或散文进行的纪念、特权、受封土地、在公共庆典上坐于前排、国葬、立塑像、公众的供养，在外邦人面前受到致礼与礼让，以及得到被许多族群都视为荣耀之象征的赠礼。因为一件赠礼不仅仅是授予一件财产，也是一种荣耀的象征，这也解释了为何不仅爱钱者渴望得到它，爱荣誉者也渴望得到它。赠礼给予了他们二者都想要的：它是一件财产，这便是爱钱者所渴求的；它也带来了荣耀，这正是爱荣誉者所热望的。

身体的德性在于健康，也即一种允许我们在远离疾病的同时还能够拥有我们身体所具有的诸般用处的条件。许多人都像相传的昔洛狄卡斯（Heradicus）[①]那样被称作"健康的"，但是没有谁会为这些人的健康而额手称庆，因为他们不得不戒除每一样或者几乎每一样正常人都会做的事情。

健美随着生命之时日而变化。对于一个年轻男子来说，健美就是拥有一具适合于承受诸如跑步、角力这样的费力之事的身体，这意味着他看起来也会很令人悦目。因此从事五项全能的运动员是最美的，他们天然就适合于力量与速度方面的竞技。对于一位处在盛年的男子来说，健美意味着承担战事的体能，以及一副令人悦目然而同时又可畏的容貌。对一位老头子来说，健美意味着足够强壮以至于可以承受必要之劳累，以及能够通过逃避岁月的蹂躏而免除痛苦。

力量是随心所欲地移动某个东西的能力。为了做到这一点，你必须要么拉、要么推、要么举、要么压、要么抓那个东西。是故，你必须在所有的这些方面都很强壮，或者至少在某些方面很强壮。

身材方面的卓越就是要在身高、身板厚度以及宽度方面超过一般人，然而又不至于行动笨拙。身体之竞技方面的卓

[①] 昔洛狄卡斯，古希腊医师、智者，是现代所谓"体育医学"的古代奠基人之一。亚里士多德在这里特别提到他，是因为他极端强调以节食、按摩以及艰苦的体育锻炼来获取健康，甚至会要求他的病人从雅典走到有二三十公里之遥的麦加拉。

越性则在于身材尺寸、力量与敏捷；因为，敏捷的人也是强壮的人——若一个人能以某种方式向前抡腿，还能又快又远地移动它们，那这个人就善于跑步；如果一个人能抓住对手并压住他，那这个人就善于摔跤；若一个人能够以正确的出拳将其敌手击倒，则他就是个好拳手；能做到后面两项的，就是个好的摔跤拳击手，能够做到所有的，就是个五项全能运动员。

对老年人而言，幸福就是衰老来得很慢，而且没什么痛苦。一个人若变老得太快，或者虽缓慢却很痛苦，那么他是体尝不到这种幸福的。这既要靠身体方面的卓越，又要靠好运气。如果一个人未能免除疾病，或者他不是太强壮，那么他将无法免除老时的折磨或痛苦。他也不可能长寿，除非他运气特别好。事实上，还有一种跟健康或者力量没什么关系却能让人长寿的能力，有许多缺乏身体方面的卓越性的人都因之而长寿。只不过，它与我们在这里的目的无涉，故而不赘述了。

拥有许多朋友与拥有良友，这就不需要解释了。我们将朋友界定为一个总是为了你而竭力去做他认为对你有益的事情的人。如果有许多人都对一个人抱有这种想法，那么这个人就有许多朋友；如果这些人还是配得上他的，他就有了许多良友。

好运气就是对于所有的，或者大多数，或者绝大多数重要的那些要归因于运气的好事情的获取或拥有。归因于运气的那些事情，有些也可能要归因于人工的造作，但是，更多的这类事情都与人工无关。比如，有些事情就要归因于自然的造化，尽管，可以确定地说，归因于运气的事情也可能实际上是与自然相悖的。

这么说来，健康就可以归因于人工的造作，但是健美与身材的挺拔要归因于自然。所有这些招人嫉妒的好事，作为一类事情来讲，都是好运气的结果。

运气也是一些碰巧与合理期望相悖的好事的肇因。比如，你所有的兄弟都相貌丑陋，唯独你长得英俊秀美；或者，所有人都错过了某个宝藏，唯独你发现了它；或者，一块飞石击中了你身边的人，而你却安然无恙，又或者，你是唯一没有去你常去的那个地方的人，而其他人虽是第一次去那里却一下送了命。所有这些都被认为是好运气使然。

编译后记

亚里士多德可谓是哲学史上第一位对于"幸福"提出了系统性论述的哲学家。因此，一个人若要思考"什么是幸福"或"什么是好的生活"这样的问题，亚里士多德关于幸福的论述不可不读。

但是，读亚里士多德关于幸福的论述是一回事，将散见于他的诸多著作中的关于幸福的论述摘出来并进行翻译和编排，这又是另一回事。前者为一个人提供的可能纯粹是阅读和思想的愉悦，而后者则意味着手和脑的艰辛劳动和生怕犯错的忐忑。作为一个学术界的"打工人"，译者之前也做过一些翻译工作，深知翻译之苦。这种辛苦，远甚于"吟安一个字，捻断数茎须"的吟诗作文。因为，如果把吟诗作文比作自己思想的分娩的话，翻译则意味着为他人的思想在另一语言的产房之中接生。诗文若作得糟糕，对不起的是自己，旁人似无法苛责，但翻译若做得糟糕，则不仅对不起自己，还对不起读者，甚至也对不起那位冥冥有在天之灵的"思想产妇"。这种害怕出错，乃至于在遣词造句时都会战战兢兢的心情，怕是不曾做翻译的人很难体会的。

本书对于亚里士多德幸福论的编译，内容上大多取自亚里士多德的《尼各马可伦理学》(*The Nicomachean Ethics*)，也有小部分来自其《修辞学》(*Rhetoric*)。本来，译者也编译了其《论题篇》(*Topics*)第三卷对于"善"的辩论,以及《优台谟伦理学》(*Eudemian Ethics*)、《大伦理学》(*Magna Moralia*)和《政治学》(*Politics*)当中部分与"幸福"有关的内容，但因为本书篇幅不宜太长，再加上它们在内容上和已有内容也多有重叠，所以忍痛割舍了。但译者仍建议本书的读者去找那几本亚里士多德的著作做进一步的阅读，以获得亚里士多德关于幸福的全部智慧。

本书在进行编译时，所依据的主要文本，乃是由Jonathan Barnes 主编并修订的英文版《亚里士多德全集》(*The Complete Works of Aristotle*, Princeton University

Press, 1991），同时也大量参照了由 David Ross（Oxford University Press, 2009）、J. A. K. Thomson（Penguin Books, 2004）、Roger Crisp（Cambridge University Press, 2004）、Robert Bartlette & Susan Collins（The University of Chicago Press, 2011）等著名亚里士多德研究专家所翻译的《尼各马可伦理学》多个英译本，在碰到难点时，更进一步参阅了 13 世纪的大哲学家托马斯·阿奎那（Thomas Aquinas）所著的《〈伦理学〉评注》（*Commentary on the Nicomachean Ethics*, Henry Regnery Company, 1964）以及其他中世纪哲学家对亚里士多德著作的评注本。此外，国内学者邓安庆教授的《尼各马可伦理学（注释导读本）》（人民出版社，2010 年）也为本书的翻译工作提供了许多启发。

一般而论，翻译的最高境界，当属"信雅达"。但对于任何一个译者来说，这都是一个很难企及的标准，一般的译者，能做到"信"便已属不易。译者知道自身水平几何，是故，在编译本书的过程中，只希冀能达到"信"之标准，不要对亚里士多德这位大哲学家的智慧造成任何的歪曲就好了。本书中的译文很难做到完全信实，错漏必定在所难免。如果读者发现了某处的错漏或不足，恳请原谅并赐教！

此外，考虑到本书的理想读者并非学界同仁，而是大众读者，故此，在翻译时，译者也在尽量不损害亚里士多德原义的情况下，对译文做了些通俗化的处理，以期能贴近读者。这种通俗化处理，除了对于一些较长的句型进行改写外，也包括使用一些更为读者所熟悉的当代中文语境里的表达或词汇。比如，在本书的第 31 页，有"但是，谁也不会称一个如此活着的人是幸福的，除非杠精"一句，显然，亚里士多德本人绝不会使用"杠精"一词，他的原文应作"除非他非要为他的辩题提出辩护"。再比如，在本书的第 119 页，有"净坛使者"一词，这显然也非亚里士多德本人可能使用的语言，其原文在英文中一般译作 belly-mad、belly-craze 或 belly-god，意指那些饮食没有节制的饕餮之徒。是故，若读者发现本书中有些地方的用词或表达明显超出了亚里士多德所处的文化背景和时代，那概是出于这一原因。若有不当之处，也请亲爱的读者谅解并指正！

最后，译者要向策划并邀请译者参与此套丛书编译工作的黄博文先生、李晨昊先生、张秙元小姐、丛书主编苏德超教授，以及为本书的付梓奉献了辛勤劳动的出版社的诸位编辑老师致以诚挚的谢意！

王成军
2021 年 5 月